古典文獻研究輯刊

十八編

潘美月・杜潔祥 主編

第 22 冊

東晉南朝墓誌研究（下）

朱智武 著

國家圖書館出版品預行編目資料

東晉南朝墓誌研究（下）／朱智武　著 — 初版 — 新北市：花
木蘭文化出版社，2014〔民 103〕
目 6+186 面；19×26 公分
（古典文獻研究輯刊 十八編；第 22 冊）
ISBN：978-986-322-630-7（精裝）
1. 墓志銘　2. 魏晉南北朝
011.08　　　　　　　　　　　　　　　　103001315

ISBN-978-986-322-630-7

9 789863 226307

古典文獻研究輯刊
十八編　第二二冊　　　　　　　　ISBN：978-986-322-630-7

東晉南朝墓誌研究（下）

作　　者　朱智武
主　　編　潘美月　杜潔祥
總 編 輯　杜潔祥
副總編輯　楊嘉樂
編　　輯　許郁翎
企劃出版　北京大學文化資源研究中心
出　　版　花木蘭文化出版社
社　　長　高小娟
聯絡地址　235 新北市中和區中安街七二號十三樓
　　　　　電話：02-2923-1455／傳眞：02-2923-1452
網　　址　http://www.huamulan.tw 信箱 hml 810518@gmail.com
印　　刷　普羅文化出版廣告事業
初　　版　2014 年 3 月
定　　價　十八編 22 冊（精裝）新台幣 40,000 元

東晉南朝墓誌研究（下）

朱智武　著

目

次

第五章　東晉南朝墓誌俗字

　　呂思勉在談及中國古代文字變遷時，曾指出：「文字變遷，其途甚多。今音、古音，截然不同，此音之變也；今義、古義，鑿然各別，此義之變也；至於同一字也，而其構造不同，或筆畫體勢有異，此則形體之變。」〔註1〕可見，對文字形體變化的考察，是文字學研究的一個非常重要的方面。就文字「形體之變」言，主要表現在兩方面：一是筆勢和體態的變化，即書體的演變，屬書體範疇；一是筆畫、部件組合的變化，即字形的發展，屬結構範疇。東晉南朝墓誌書體相關問題的探討，已俱前章。本章主要就東晉南朝墓誌的字形結構，尤其是不合字書中正字書寫規範的俗字，試作拋磚之論〔註2〕。

第一節　墓誌俗字研究概述

　　作為一種文字載體，東晉南朝墓誌不僅包含了豐富多姿、變化多樣的書勢體態，還存在著大量形形色色的異體、別體字與通假字等俗體字（俗字）〔註3〕。而寫法詭異、變化紛繁的墓誌俗字，往往使考文辨字者望而興歎，給

〔註1〕呂思勉：《中國文字變遷考・論文字變遷之理》，《文字學四種》，上海教育出版社，1985年，第61頁。

〔註2〕考慮到東晉南朝墓誌的字體基本屬隸書或楷書範疇，故筆者在探討墓誌俗字時，選擇漢許慎《說文解字》、梁顧野王《玉篇》、唐顏元孫《干祿字書》、清顧藹吉《隸辨》等字書，作為參照與佐證的基本文獻。

〔註3〕「俗字」之稱，筆者所知最早見之於唐顏元孫所撰《干祿字書》，該書將漢字分為俗、通、正三體，並稱「所謂俗者，例皆淺近，唯籍帳、文案、券契、藥方，非涉雅言，用亦無爽。」現通行之《辭海》、《辭源》、《現代漢語詞典》

墓誌的深入研究和利用造成了極多不便。因此，在當前相關研究工作中，正確識讀這些不合字書規範的異體、別體、通假字等俗體字，就成了正確理解墓誌銘文的關鍵。再者，通過對東晉南朝墓誌俗字資料的搜集，分析墓誌俗字的各種類型，探究墓誌俗字產生的原因，進而揭示墓誌俗字的產生及其演變的基本規律，如此對中國近代文字學的研究亦不無裨益。正如王力所言，「無論怎樣『俗』的一個字，只要它在社會上佔了勢力，也值得我們追求它的歷史。」〔註4〕

　　正因爲墓誌包含有大量的文字信息，所以歷來備受金石、文字學者的注意。自宋代以降，關於墓誌俗字的研究，主要見之於考辨、纂輯包括墓誌碑版在內的石刻俗字的專書，如宋洪適《隸釋》、劉球《隸韻》、婁機《漢隸字源》、清顧藹吉《隸辨》、翟雲升《隸篇》等，考釋漢碑俗字；清邢澍《金石文字辨異》、楊紹廉《金石文字辨異補編》、梁延枏《碑文摘奇》、趙之謙《六朝別字記》等，纂輯碑誌俗字。然上述諸書所輯俗字數量有限，未爲宏富，於是羅振鋆仿照吳玉搢《別雅》體例編輯成《碑別字》5 卷，後羅振玉又續輯成《碑別字補》5 卷，並將二書合編成《增訂碑別字》5 卷，總計收入4,000 餘字。其後，羅振玉之子羅福葆又增輯成《碑別字續拾》1 卷。至此，碑誌俗字收錄已逾 5,000。今人秦公在以上諸書的基礎上，再次增補，編成《碑別字新編》一書，輯集 2,528 個漢字的 12,844 種異體寫法。後秦公與劉大新合作，輯成《廣碑別字》一書，收入墓誌碑版中的別體字字頭 3,450 餘個，重文別字 21,300 餘個，是爲研究漢字尤其是碑版墓誌俗字演變發展的重要資料。

　　上述論著中，與東晉南朝墓誌相關者，以趙之謙《六朝別字記》及秦公、

　　等數部工具書，對「俗字」均有比較詳細、科學的定義，然詳略有異。對此，歐昌俊、李海霞《六朝唐五代石刻俗字研究》（巴蜀書社，2004 年）在詳細辨析、綜合各書所說後，將俗字界定爲：「（俗字）指流行於民間的跟當時字書正體字寫法不合的字（也包括同音替代的字），是相對於正體字而言的一種非正式或準正式字體」，「俗字，也稱爲俗體字、俗書、俗作、俗省、別體、別字、別構字、簡筆字、新體字、手頭字等等。」（第2～4頁）並提到，「俗字的主要特點是改變字的筆畫、構字部件和偏旁。例如句俗作勾，牀俗作床，牆俗作牆，……等等。」（第 6 頁）依照此界定，並以漢許愼《說文解字》、梁顧野王《玉篇》、唐顏元孫《干祿字書》等字書中的相關正、俗字形爲參照，筆者將東晉南朝墓誌中出現的不合字書正字書寫規範的字體，統歸於俗字，作爲研究與討論的對象。

〔註 4〕王力：《龍蟲並雕齋文集》第一冊，中華書局，1980 年，第 321 頁。

劉大新《廣碑別字》最爲密切。趙書雖爲六朝斷代俗字專書，惜收字較少；秦公、劉大新之書收字雖多，然爲上起秦漢，下迄民國之通代性的碑別字資料彙編。受時代及出土墓誌資料的限制，二書均不可避免地對東晉南朝墓誌中的某些俗字，有所遺漏或忽視。再者，從作者的研究方法與論著的內容體例上看，二書尚未脫離傳統金石文字研究的窠臼，僅爲石刻俗字纂集與著錄的資料彙編，並沒有從俗字的變化規律上分門別類地展開討論，因此難以通觀俗字的變化狀況，更遑論對俗字演變規律的把握。

　　突破傳統的碑刻墓誌俗字考辨、纂輯的研究方法，轉而從整體上探討石刻俗字及其演變規律的論著，筆者所見最早的是 20 世紀 80 年代末宋英《碑誌別體字淺析》〔註5〕一文。作者通過分析其在整埋碑石文獻中所輯錄的部分碑誌別體字，從四個方面論述了歷代碑誌別字紛繁的原因及其演變的基本規律：一、簡化規律對漢字發展的作用，導致了簡化字與繁體字的並存；二、漢字的龐雜和書手的誤辨，造成了偏旁部首混用；三、文字的發展、構字方法不一和書寫上的隨意性，造成了碑誌中古今字、異構字、俗體字的存在；四、古音通假的普遍使用，使別字、怪字甚爲繁多。該文著眼於歷代碑誌別體字的分析，雖然論述稍顯粗簡，對碑誌俗體字的規律性把握與研究也還不夠深入，然其研究思路在一定程度上仍爲此後相關研究的開展奠定了基礎。惜宋氏此文在其時並未引起文字學界的足夠重視，應者寥寥。

　　近年來，文字學界充分認識到墓誌等石刻資料中的俗字研究的重要性，不僅注重對碑刻俗字作規律性探討，而且在研究方法與研究思路上也有所拓展與創新，並取得了豐碩成果。如歐昌俊、李海霞《六朝唐五代石刻俗字研究》不以墓誌俗字爲限，而是放眼於石刻文獻，探討了六朝唐五代石刻俗字的類型、特點、產生的原因、源流及研究的意義，研究具有相當的深度；趙超《古代墓誌通論》第七章《墓誌銘文中的異體字》，對中國古代墓誌中的異體字的概況與變化規律進行了探討，並本著有利於初學者掌握考釋異體字的基本規律的目的，對墓誌中常見的異體字部首偏旁及單字寫法作了介紹。此二者的研究，均著眼於俗字及其演變發展規律的探討，無疑是對前人研究的重大突破。然前者依據碑刻、墓誌、摩崖等石刻資料，非爲墓誌俗字的專門研究；後者雖以墓誌俗字爲專門研究對象，然爲中國古代墓誌俗字的通論性研究，於東晉南朝墓誌俗字並未作細化、深入的研究。

〔註 5〕《人文雜誌》1989 年第 2 期。

此外，以南北朝墓誌銘中的文字爲專門研究對象的，尚有魏萍《南北朝墓誌銘簡體異體字研究》〔註6〕。該文運用比較法、構件分析法、類比歸納法、文獻佐證法、審察文意法等方法，考釋了南北朝墓誌銘中的簡體異體字，並在此基礎上探討了南北朝墓誌銘簡體異體字的特點和產生原因，以及南北朝墓誌銘簡體異體字研究的意義。無論是研究方法，還是最終結論，可取之處頗多。該文題爲「南北朝墓誌銘簡體異體字研究」，然通觀全文，其立論仍以北朝墓誌爲大端，於南朝墓誌所及甚少。

通過對墓誌俗字研究學史的簡要回顧，我們不難發現，學界對東晉南朝墓誌俗字的研究相對較爲薄弱，更遑論系統而專門的研究。鑒此，筆者借鑒前人的研究思路與方法，以東晉南朝墓誌文中的俗字爲專門研究對象，作相關探討：一方面，沿襲傳統的研究方法，將東晉南朝墓誌文中的俗字輯集起來，以對前人相關論著略作增補，是爲石刻俗字資料的擴充；另一方面，細密地梳理東晉南朝墓誌文中的俗字，並通過對墓誌俗字常見偏旁的典型俗體寫法的考察，揭示墓誌俗字的特點與常見變化，以增加對墓誌俗字及其演變的感性認識與規律性把握，是爲對前人研究的細化和深入。

第二節　墓誌文中常見的俗字寫法

北齊顏之推《顏氏家訓・雜藝》〔註7〕云：

> 晉、宋以來，多能書者，故其時俗，遞相染尚，所有部帙，楷正可觀，不無俗字，非爲大損。至梁天監之間，斯風未變；大同之末，訛替滋生。蕭子雲改易字體，邵陵王頗行僞字，朝野翕然，以爲楷式，畫虎不成，多所傷敗。至爲一字，唯見數點，或妄斟酌，逐便轉移。爾後墳籍，略不可看。

此可謂時人對社會上文字俗體流行狀況所作的恰如其分的記述。通過對東晉南朝墓誌俗字的考察，亦可知顏氏此語不虛。以下即將東晉南朝墓誌文中常見的俗體字寫法，主要是常見偏旁與單字的典型俗體寫法，彙編成表，以介紹東晉南朝墓誌俗字的基本狀況。

〔註6〕西南師範大學 2004 年碩士學位論文。
〔註7〕（北齊）顏之推撰，王利器集解：《顏氏家訓集解》，上海古籍出版社，1980年，第 514 頁。

表 9：《東晉南朝墓誌常見俗字偏旁部首及單字寫法一覽表》

「魚」作「角」 或作「❖」	鯤（鯤） 東晉太寧元年（323）謝鯤墓誌
	鮑（鮑） 齊永明六年（488）王寶玉墓誌 蘇（蘇、穌、穌） 陳太建二年（570）衛和墓誌
「早」作「❖」	章（章） 東晉太寧元年（323 年）謝鯤墓誌 贛（贛） 東晉咸康六年（340）王興之夫婦墓誌
「大」作「❖」 或作「火」	騎（騎） 東晉太寧三年（325）張鎮墓誌
	美（美） 齊永明六年（488）王寶玉墓誌
「止」作「山」	歲（歲、歲） 東晉太寧三年（325）張鎮墓誌 企（企） 太和三年（368）王仚之墓誌
「止」作「山」 或作「廾」	武（武） 東晉太和六年（371）劉媚子石墓誌 莚（莚） 齊永明六年（488）王寶玉墓誌
	歸（歸） 東晉太和六年（371）劉媚子石墓誌
「厶」作「口」 或作「△」	晉（晉） 東晉太寧三年（325）張鎮墓誌 弘（弘） 東晉咸和四年（329）溫嶠墓誌
	參（參） 東晉咸康六年（340）王興之夫婦墓誌 公（公） 東晉咸康六年（340）王興之夫婦墓誌
「口」作「厶」	捐（捐） 梁普通元年（520）蕭敷墓誌
「ㅂ」作「△」	以（以） 東晉咸康六年（340）王興之夫婦墓誌
「礻」作「衤」	禘（禘） 東晉咸和四年（329）溫嶠墓誌 初（初） 東晉太和三年（368）王仚之墓誌
「艸」作「❖」 或作「❖」、「❖」	墓（墓） 東晉咸康六年（340）王興之夫婦墓誌 若（若） 梁普通元年（520）蕭敷墓誌
	薨（薨） 東晉太和元年（366）高崧墓誌
	薨（薨） 東晉太和六年（371）劉媚子石墓誌
「日」作「目」 或作「田」	明（明） 東晉太寧三年（325）張鎮墓誌
	墓（墓） 東晉升平二年（358）王閩之墓誌 莫（莫） 梁普通元年（520）蕭敷墓誌 星（星） 梁普通元年（520）永陽敬太妃王氏墓誌
「目」作「日」	纂（纂、纂） 東晉升平元年（357）李纂妻武氏墓誌 道（道） 東晉太和三年（368）王仚之墓誌 眢（眢） 梁天監元年（502）蕭融墓誌

「叔」作「𣬛」	（叔）	東晉永和十二年（356）王康之墓誌
	（督）	東晉咸康六年（340）王興之夫婦墓誌
	（寂）	齊永明六年（488）王寶玉墓誌
「耳」作「𦔮」	（耶）	東晉咸康六年（340）王興之夫婦墓誌
	（絹）	東晉升平元年（357）李緝墓誌
「竹」作「艸」或作「𥫗」、「𥫗」、「𥫗」	弟（第）	東晉咸康六年（340）王興之夫婦墓誌
	節（節、莭）	東晉咸康六年（340）王興之夫婦墓誌
	（範）	宋永初二年（421）謝珫墓誌
	（篤）	齊永明五年（487）劉岱墓誌
「辶」作「辶」	（進）	東晉咸康六年（340）王興之夫婦墓誌
「廴」作「辶」或作「辶」	（延）	東晉咸康六年（340）王興之夫婦墓誌
	（建）	東晉太和元年（366）高崧墓誌
「方」作「扌」	扵（於）	東晉咸康六年（340）王興之夫婦墓誌
	（施）	東晉升平二年（358）王閩之墓誌
	（族）	梁天監十三年（514）王纂韶墓誌
	（遊）	梁普通元年（520）蕭敷墓誌
「木」作「扌」	（楊）	東晉咸安二年（372）王建之墓誌
「寸」作「木」	（導）	梁普通元年（520）永陽敬太妃王氏墓誌
「亢」作「𣲗」	（杭）	齊永明五年（487）劉岱墓誌
「束」作「夾」	刾（刺）	東晉咸康六年（340）王興之夫婦墓誌
	（策）	梁普通元年（520）蕭敷墓誌
「幺」作「𢆶」	（幼）	東晉太寧元年（323）謝鯤墓誌
「系」作「𡘜」或作「𡙡」	（縣）	東晉升平元年（357）李緝墓誌
「糸」作「𢆶」或作「𢆶」	（紀）（給）	東晉太和六年（371）劉媚子石墓誌 東晉咸安二年（372）王建之墓誌
	（繼）（續、纘）	宋永初二年（421）謝珫墓誌 宋永初二年（421）謝珫墓誌
「力」作「𠠏」或作「刀」	（男）	東晉永和十二年（356）王康之墓誌
	（劭）	東晉太元廿一年（396）虞道育墓誌
	（功）	宋元嘉二年（425）宋乞墓誌
「刀」作「𠠏」	（昭）	齊永明六年（488）王寶玉墓誌

「九」作「几」	軌（軌）	齊永明六年（488）王寶玉墓誌
「几」作「■」	船（船）	陳太建二年（570）衛和墓誌
「石」作「土」	塼（磚）	東晉永和十二年（356）王康之墓誌
「廾」作「土」	莚（葬）	東晉太寧元年（323）謝鯤墓誌
「土」作「圡」 或作「生」	堃（莚、葬）　　東晉永和元年（345）顏謙婦劉氏墓誌 堅（堅）　蔡冰墓誌 墓（墓）　東晉太元元年（376）孟府君墓誌	
	湦（湼）　東晉太和六年（371）劉媚子石墓誌	
「乏」作「■」	窀（窆）　東晉永和十二年（356）高崧妻謝氏墓誌	
「王」作「玉」	琅（琅）　東晉升平二年（358）王閩之墓誌 璞（璞）　東晉太和六年（371）劉媚子石墓誌 球（球）　東晉義熙三年（407）謝球墓誌	
「氵」作「冫」	冶（洽）　東晉升平二年（358）王閩之墓誌
「冫」作「氵」	次（次）　宋永初二年（421）謝珫墓誌墓誌 冰（冰）　蔡冰墓誌	
「彡」作「氵」	湏（須）　梁天監十三年（514）王纂韶墓誌
「卯」作「卯」 或作「■■」、「厸」	劉（劉）　東晉太寧元年（323）謝鯤墓誌 留（留）　東晉義熙三年（407）謝球墓誌	
	劉（劉）　東晉永和元年（345）顏謙婦劉氏墓誌	
	留（留）　齊永明六年（488）王寶玉墓誌	
「亻」作「彳」	脩（脩、修）　　東晉太和六年（371）劉媚子石墓誌 攸（攸）　東晉義熙三年（407）謝球墓誌 濮（濮）　宋元嘉二年（425）宋乞墓誌 僻（僻）　陳太建二年（570）衛和墓誌	
「辵」作「■」 或作「之」	從（從、從）　　東晉咸安二年（372）王建之墓誌	
	徒（徒）　齊永明六年（488）王寶玉墓誌 越（越）　齊永明六年（488）王寶玉墓誌 暫（暫、暫）　梁普通元年（520）蕭敷墓誌	
「彳」作「亻」	從（從）　宋永初二年（421）謝珫墓誌
「辵」作「之」	定（定）　梁太清三年（549）程虔墓誌
「臣」作「𠤎」	姬（姬）　梁天監十三年（514）王纂韶墓誌
「岡」作「罡」	綱（綱）　梁天監十三年（514）王纂韶墓誌
「杲」作「■」	操（操）　梁天監十三年（514）王纂韶墓誌

「𦣞」作「目」	▨（歸）	東晉太和六年（371）劉媚子石墓誌
	▨（追）	齊永明六年（488）王寶玉墓誌
「辛」作「辛」 或作「𡴍」	▨（辛）	東晉太和六年（371）劉媚子石墓誌
	▨（宰）	東晉咸安二年（372）王建之墓誌
「爿」作「牛」	▨（將）	東晉太寧三年（325）張鎮墓誌
「𦍌」作「𦍌」	▨（僕）	東晉咸康六年（340）王興之夫婦墓誌
「後」作「𡰪」	▨（逅）	東晉太寧三元年（325）張鎮墓誌
「戊」作「𢧵」	▨（茂）	東晉太寧三年（325）張鎮墓誌
「世」作「𠦄」 或作「丗」	𠦄（世）	東晉太寧三年（325）張鎮墓誌
	丗（世）	東晉咸康六年（340）王興之夫婦墓誌
「䙴」作「䙴」 或作「▨」	▨（遷）	東晉咸康六年（340）王興之夫婦墓誌
	▨（遷）	東晉咸安二年（372）王建之墓誌
「𣥂」作「𣥂」	▨（會）	東晉永和十二年（356）高崧妻謝氏墓誌
「翏」作「▨」 或作「▨」、「▨」	▨（穆）	東晉咸和四年（329）溫嶠墓誌
	▨（穆）	東晉太元十四年（389）何法登墓誌
	▨（穆）	梁普通元年（520）永陽敬太妃王氏墓誌
「虒（虎）」作「▨」	東晉升平三年（359年）王丹虎墓誌	
「虍」作「严」 或作「䖏」、「严」	▨（盧）	東晉太元十四年（389）何法登墓誌
	▨（處）	東晉太元十四年（389）何法登墓誌
	▨（虞）	東晉太元廿一年（396）虞道育墓誌
	▨（虜）	宋元嘉二年（425）宋乞墓誌
	▨（虚）	齊永明六年（488）王寶玉墓誌
	▨（虐）	梁天監十三年（514）王纂韶墓誌
	▨（虚）	梁普通元年（520）蕭敷墓誌
	▨（虔）	梁太清三年（549）程虔墓誌
	▨（盧）	宋永初二年（421）謝珫墓誌
「龍」作「▨」	▨（襲）	東晉咸康六年（340）王興之夫婦墓誌
「𣎴」作「𣎳」	姊（姊）	東晉太寧三年（325）張鎮墓誌
「冖」、「宀」作「穴」	▨（冥）	齊永明六年（488）王寶玉墓誌
	▨（宰）	東晉咸安二年（372）王建之墓誌
	▨（寅）	東晉太和六年（371）劉媚子石墓誌
「辰」作「▨」	▨（振）	東晉太和六年（371）劉媚子石墓誌

「象」作「𧰼」	𧰼（掾）	宋永初二年（421）謝珫墓誌
「亥」作「亥」	亥（亥）	東晉太和六年（371）劉媚子石墓誌
	刻（刻）	東晉升平二年（358）王閩之墓誌
	核（核）	梁普通元年（520）蕭敷墓誌
「兼」作「兼」	謙（謙）	東晉永和元年（345）顏謙婦劉氏墓誌
「采」作「米」	鄱（鄱）	東晉太和六年（371）劉媚子石墓誌
	播（播）	齊永明六年（488）王寶玉墓誌
	蕃（蕃）	梁天監十三年（514）王纂韶墓誌
「尸」作「尸」	媚（媚）	東晉太和六年（371）劉媚子石墓誌
「身」作「身」 或作「㐼」	射（射）	東晉咸康六年（340）王興之夫婦墓誌
	射（射）	東晉咸安二年（372）王建之墓誌
「灬」作「一」	馬（馬）	東晉太元廿一年（396）謝琰墓誌
	熙（熙）	東晉義熙三年（407）謝球墓誌
	譙（譙）	東晉義熙三年（407）謝球墓誌
	驅（驅）	梁太清三年（549）程虔墓誌
「一」作「灬」	熙（極）	宋大明八年（464）劉懷民墓誌
「屰」作「手」 或作「羊」	朔（朔）	東晉太和六年（371）劉媚子石墓誌
	㾕（㾕）	梁天監十三年（514）王纂韶墓誌
「彥」作「彥」	彥（彥）	東晉升平元年（357）劉剋墓誌
	顏（顏）	東晉永和元年（345）顏謙婦劉氏墓誌
「十」作「十」	博（博）	東晉咸安二年（372）王建之墓誌
「賴（頼）」作「頼」	頼（賴、頼）	東晉義熙三年（407）謝球墓誌
「豐」作「豊」	豊（豐）	宋永初二年（421）謝珫墓誌
「水」作「夭」	潁（潁）	宋永初二年（421）謝珫墓誌
「害」作「害」	豁（豁）	宋永初二年（421）謝珫墓誌
「僉」作「𠔿」	儉（儉）	宋元嘉二年（425）宋乞墓誌
「𢇁」作「並」	關（關、関）	宋元嘉二年（425）宋乞墓誌
「喜」作「喜」	憙（憙）	宋元徽二年（474）明曇憙墓誌
「骨」作「骨」	猾（猾）	宋元徽二年（474）明曇憙墓誌
「完」作「完」	莞（莞）	宋元徽二年（474）明曇憙墓誌
「宀」作「冖」	監（監）	齊永明五年（487）劉岱墓誌
「解」作「解」	解（解、解）	齊永明五年（487）劉岱墓誌

「替」作「暜」	（潛）　齊永明六年（488）王寶玉墓誌	
「恖」作「忩」	（蒽）　梁天監十三年（514）王纂韶墓誌	
「膺」作「隋」	（隋）　梁普通元年（520）蕭敷墓誌	
「㠯」作「上」	（能）　梁普通元年（520）蕭敷墓誌	
「㐱」作「爾」	（珎、珍）　宋元徽二年（474）明曇憙墓誌	
	（殄）　梁普通元年（520）蕭敷墓誌	
「裝」作「 」	（裝）　梁普通元年（520）蕭敷墓誌	
「布」作「芳」	餝（飾）　梁普通元年（520）蕭敷墓誌	
「生」作「 」 或作「 」	（旌）　梁普通元年（520）蕭敷墓誌	
	（姓）　陳太建二年（570）衛和墓誌	
「韋」作「爲」 或作「 」	（闈）　梁普通元年（520）永陽敬太妃王氏墓誌	
	（衛）　陳太建二年（570）衛和墓誌	
	（諱）　陳太建二年（570）衛和墓誌	
「革」作「 」 或作「 」	（革）　宋永初二年（421）謝琰墓誌	
	（革）　陳太建二年（570）衛和墓誌	
「黽」作「 」	（繩、繩）　梁普通元年（520）蕭敷墓誌	
「券」作「 」	（勝）　梁普通元年（520）永陽敬太妃王氏墓誌	
「禽」作「金」	捈（擒）　陳太建二年（570）衛和墓誌	
「妻」作「妻」	（妻）　齊永明六年（488）王寶玉墓誌	
「稽」作「 」 或作「 」	（稽）　東晉永和十二年（356）高崧妻謝氏墓誌	
	（稽）　宋永初二年（421）謝琰墓誌	
「鄉、鄉」作「 」 或作「 」、「 」、「 」	（鄉、鄉）　東晉咸康六年（340）王興之夫婦墓誌	
	（鄉、鄉）　東晉升平元年（357）劉剋墓誌	
	（鄉、鄉）　東晉升平元年（357）李緝墓誌	
	（鄉、鄉）　東晉寧康三年（375）李纂墓誌	
「侯」作「 」 或作「 」、「 」、「 」	（侯）　東晉太寧三年（325）張鎮墓誌	
	（侯）　東晉咸康六年（340）王興之夫婦墓誌	
	（侯）　東晉升平元年（357）李緝墓誌	
	（侯）　梁普通元年（520）蕭敷墓誌	
「休」作「休」 或作「烋」、「 」	（休）　東晉咸康六年（340）王興之夫婦墓誌	
	烋（休）　宋永初二年（421）謝琰墓誌	

	（休）	梁普通元年（520）永陽敬太妃王氏墓誌
「鎮」作「鎮」或作「鎮」	（鎮）	東晉太寧三年（325）張鎮墓誌
	（鎮）	東晉永和十二年（356）高崧妻謝氏墓誌
「興」作「興」或作「興」	（興）	東晉太寧三年（325）張鎮墓誌
	（興）	東晉咸康六年（340）王興之夫婦墓誌
「年」作「秊」、「秊」「秊」、「秊」、「秊」、「秊」	（年）東晉太寧元年（323）謝鯤墓誌
	（年）東晉太寧三年（325）張鎮墓誌
	（年）東晉咸康六年（340）王興之夫婦墓誌
	（年）東晉咸康六年（340）王興之夫婦墓誌
	（年）東晉永和十二年（356）王康之墓誌
	（年）東晉永和十二年（356）高崧妻謝氏墓誌
「斅（學）」作「學」	（斅、學）　東晉咸安二年（372）王建之墓誌
「攵」作「殳」	（散）　東晉咸安二年（372）王建之墓誌
「殳」作「殳」	（毀）　陳太建二年（570）衛和墓誌
「介」作「界」	（界，通「介」）　東晉咸康六年（340）王興之夫婦墓誌
「䜌」作「米」	继（繼）　宋永初二年（421）謝珫墓誌　断（斷）　梁普通元年（520）永陽敬太妃王氏墓誌
「德」作「徳」或作「德」	徳（德）　東晉太寧三年（325）張鎮墓誌
	（德）　陳太建二年（570）衛和墓誌
「舊」作「舊」或作「舊」	（舊）　東晉太和六年（371）劉媚子石墓誌
	（舊）　東晉升平二年（358）王閩之墓誌
「巷」作「港」	（港）　陳太建二年（570）衛和墓誌
「曹」作「曺」	東晉太和三年（368）王仚之墓誌
「太」作「泰（泰）」	東晉太寧元年（323）謝鯤墓誌
「哀」作「褒」	東晉太寧元年（323）謝鯤墓誌
「所」作「所」	東晉太和三年（368）王仚之墓誌
「贛」作「顂」	東晉咸康六年（340）王興之夫婦墓誌
「卅」作「卌」	東晉咸康六年（340）王興之夫婦墓誌
「哲」作「悊」	東晉咸康六年（340）王興之夫婦墓誌
「儁（俊）」作「儁」	東晉咸康六年（340）王興之夫婦墓誌

「右」作「君」	東晉咸康六年（340）王興之夫婦墓誌
「氏」作「氏」	東晉太元十四年（389）何法登墓誌
「民」作「民」	東晉升平二年（358）王閩之墓誌
「蕭」作「肅」	東晉咸康六年（340）王興之夫婦墓誌
「廣」作「廣」	東晉太和元年（366）高崧墓誌
「剋」作「剋」	東晉升平元年（357）劉剋墓誌
「升」作「升」	東晉升平元年（357）劉剋墓誌
「亡」作「亡」	東晉升平元年（357）劉剋墓誌
「魏」作「魏」	東晉寧康三年（375）李纂墓誌
「摹」作「摹」	東晉升平元年（357）李摹墓誌
「崗」作「崗」	東晉太寧元年（323）謝鯤墓誌
「義」作「義」	東晉咸和四年（329）溫嶠墓誌
「卌」作「卌」	東晉咸和四年（329）溫嶠墓誌
「卒」作「卒」	東晉咸康六年（340）王興之夫婦墓誌
「藏」作「臧」	東晉咸康六年（340）王興之夫婦墓誌
「陌」作「陌」	東晉咸康六年（340）王興之夫婦墓誌
「羲」作「羲」	東晉太寧三年（325）張鎮墓誌
「槨」作「郭」	東晉太寧三年（325）張鎮墓誌
「將」作「將」	東晉太和六年（371）劉媚子石墓誌
「戌」作「戌」	東晉太和六年（371）劉媚子石墓誌
「戌」作「戌」	東晉太和六年（371）劉媚子石墓誌
「嗣」作「嗣」	東晉太和六年（371）劉媚子石墓誌
「喪」作「喪」	東晉太和六年（371）劉媚子石墓誌
「丙」作「丙」	東晉咸安二年（372）王建之墓誌
「歷（歷）」作「歷」	宋永初二年（421）謝珫墓誌
「萬」作「万」	宋永初二年（421）謝珫墓誌
「庭」作「庭」	宋大明八年（464）劉懷民墓誌
「瞳」作「瞳」	宋泰始五年（469）劉襲墓誌
「善」作「善」	宋元徽二年（474）明曇憙墓誌

「冀」作「▉」	宋元徽二年（474）明曇憙墓誌
「圖」作「▉」	宋元徽二年（474）明曇憙墓誌
「寇」作「▉」	齊永明五年（487）劉岱墓誌
「岱」作「▉」	齊永明五年（487）劉岱墓誌
「夷」作「▉」	齊永明六年（488）王寶玉墓誌
「貌」作「▉」	梁天監十三年（514）王纂韶墓誌
「耽」作「▉」	陳太建二年（570）衛和墓誌
「懷」作「褱」	陳太建二年（570）衛和墓誌
「得」作「▉」	陳太建二年（570）衛和墓誌
「前」作「▉」	陳太建二年（570）衛和墓誌
「變」作「▉」	陳太建二年（570）衛和墓誌
「庚」作「▉」	陳太建二年（570）衛和墓誌
「鳳」作「▉」	陳太建二年（570）衛和墓誌
「壽、壽」作「▉」	陳太建二年（570）衛和墓誌

第三節 墓誌俗字的類型

　　由表9觀之，東晉南朝墓誌文中的俗體字寫法極其詭異，變化甚是紛繁。然詳細考察墓誌文中俗字的常見偏旁與單字的典型俗體寫法，不難發現，墓誌俗字在筆畫、構件與字形結構等方面仍存有一定規律。依據墓誌俗字的結構與形體特徵，我們可作進一步的分類歸納，將東晉南朝墓誌文中俗體字，分為以下三類：

（一）增減和改變筆畫類

　　筆畫，指構成漢字字形的各種形狀的點和線，如漢字的橫（一）、豎（丨）、撇（丿）、點（丶）、折（乛）等〔註8〕。漢字演進至隸書階段，其筆畫結構基本上被固定下來，是不能隨意增減和改變的。然在基本為隸書或楷書的東晉南朝墓誌中，卻存在有大量因增減和改變筆畫而形成的俗字。

　　1.因增加筆畫而形成的俗字。例如：

　　「氏」，《說文·氏部》云：「氏，巴蜀名山岸脅之旁箸欲落墮者曰氏。

〔註8〕 《辭海》，上海辭書出版社，1989年，第4297頁。

氏，崩聲聞數百里。象形，乀聲。」《玉篇‧氏部》云：「氏，承氏切，巴蜀謂山岸欲墜曰氏，崩聲也，又姓氏。」而在東晉南朝墓誌文中的俗體寫法通常是加上一點畫，作「氐」。唐顏元孫《干祿字書》云：「氐、氏，上通，下正」。

「民」，《說文‧民部》云：「眾萌也，從古文之象。」《玉篇‧民部》云：「民，彌申切，《說文》云『眾㟦也』，《書》曰『民非主，罔事，主非民，罔使用權』。」而墓誌俗體通常增加一點畫，寫作「氓」。

「明」，《說文‧朙部》云：「明，照也，古文從日。」《玉篇‧明部》云：「明，靡兵切，察也，清也，審也，發也；朙，古文。」而墓誌俗體通常將「明」之「日」部增筆作「目」，如張鎮「仕晉元明」、明曇憙墓誌「宋故員外散騎侍郎明府君墓誌銘」、劉岱墓誌「曾祖爽，字子明」、王寶玉墓誌「夫人溫朗明淑」、蕭融墓誌「王雅亮通明」，等等，其中「明」均作「眀」〔註9〕。《干祿字書》云：「眀、朙，上通，下正。」此外，東晉南朝墓誌中的俗體字，尚有將「日」部增筆作「田」，如王閩之墓誌中「墓」作「🈳」、蕭敷墓誌「莫」作「🈳」、永陽敬太妃王氏墓誌「星」作「🈳」。

「土」，《說文‧土部》云：「土，地之吐生物者也。二，象地之上、地之中，｜，物出形也。」而東晉南朝墓誌中的俗體字，通常是在原字形體上增加一點畫，作「圡」〔註10〕，如顏謙婦劉氏墓誌「塋」作「🈳」、孟府君墓誌「墓」作「🈳」、蔡冰墓誌「堅」作「🈳」。《干祿字書》云：「圡、土，上通，下正。」

「王」增筆作「玉」，如王閩之墓誌「琅」作「🈳」、劉媚子石墓誌「璞」作「🈳」、謝球墓誌「球」作「🈳」。《說文‧玉部》云：「琅，琅玕似珠者。從玉，良聲。」「球，玉也。從玉，求聲。」《玉篇‧玉部》云：「璞，普角切，玉未治者。老子曰：璞散則爲器。王弼曰：璞，眞也。」〔註11〕「琅」、「璞」、「球」本以「玉」爲形符。在字書中以「玉」爲左右結構的字的字形

〔註9〕 至於「明」爲何會添此一筆爲「眀」，歐昌俊、李海霞認爲可能是「其形符『日』受『目』字形體的影響而誤增一筆；或者是爲了字形左右比較匀稱、方整而誤增。」（《六朝唐五代石刻俗字研究》，第68頁）

〔註10〕 《隸辨》卷三「《衡方碑》囗囗囗圡，家於平陸」，顧藹吉注云：「土本無點，諸碑士或作圡，故加點以別之。」（顧藹吉《隸辨》，（北京）中國書店據康熙五十七年項氏玉淵堂刻版影印，1982年，第373頁）

〔註11〕 （梁）顧野王：《大廣益會玉篇》，中華書局據張氏澤存堂本影印，1987年，第5頁上左。

時，「玉」必須去掉右下邊的一點畫，而在墓誌俗體字中卻仍保留著，以顯示其形符「玉」。

　　2. 因減省筆畫而形成的俗字。例如：

　　「襜」，《說文·衣部》云：「襜，衣蔽者，從衣，詹聲。」《玉篇·衣部》云：「襜，尺占切，蔽膝也。」而溫嶠墓誌「父河東太守![襜]」，「襜」作「![襜]」，將「襜」的形符「衤」減筆作「礻」，而成俗體字「![襜]」。類似情況尚見王仚之墓誌「三年![初]月廿八薨於丹陽建康之白石」，「初」作「![初]」。

　　「窅」，《說文·目部》云：「窅，深目貌，從穴中目。」而蕭融墓誌「![窅]焉未聞」，將「窅」的「目」部減去一橫畫爲「日」形，作「![窅]」。類似情況尚見王仚之墓誌「息男摹之，字敬![道]」，「道」作「![道]」；李纂妻武氏墓誌「李![纂]故妻」，「纂」作「![纂]」。

　　3. 因改變筆畫而形成的俗字。例如：

　　「章」，《說文·音部》云：「章，樂竟爲一章，從音十。十，數之終也。」謝鯤墓誌「晉故豫![章]內史」，「章」作「![章]」，將「十」的末筆一豎畫向上貫出穿過「音」的「曰」部。類似情況尚見王興之夫婦墓誌「征西大將軍行參軍、![贛]令」，其中「贛」作「![贛]」，其「贛」的「章」部亦因筆畫改變爲「![章]」。

　　「謙」，《說文·言部》云：「謙，從言，兼聲。」琅邪顏謙婦劉氏墓誌「琅邪顏![謙]婦劉氏」，「謙」作「![謙]」，將其聲符「兼」的兩豎畫的下半部份改作兩點畫，並將豎畫兩側的撇與捺同時改爲點畫，合而爲「灬」。

　　「馬」，《說文·馬部》云：「馬，怒也，武也。象馬頭髦尾四足之形。」謝琰墓誌「附![馬]都尉朝請」，「馬」作「![馬]」，將其「灬」改寫作「一」。類似情況尚見程虔墓誌「自敢![驅]率六戎」，「驅」作「![驅]」；謝球墓誌「義![熙]三年三月廿六日亡」，「熙」作「![熙]」；「夫人![譙]國桓氏」，「譙」作「![譙]」。

　　「極」，《說文·木部》云：「極，棟也，從木，亟聲。」《說文·二部》云：「亟，敏疾也。從人口又二。二，天地也。」劉懷民墓誌「眩紫皇![極]」，「極」作「![極]」，將其聲符「亟」下面的橫畫「一」改寫作「灬」。

　　「戊」，《說文·戊部》云：「戊，中宮也。象六甲五龍相拘絞也。戊承丁，象人脅。」「戌」，《說文·戌部》云：「戌，滅也。九月易氣微，萬物畢成，易下入地也。五行土生於戊，盛於戌。從戊一，一亦聲。」劉媚子石墓誌「其年十月丙申朔三日![戊]![戌]」，「戊」、「戌」分別作「![戊]」、「![戌]」，不僅改動其

撇畫與橫畫，而且均省去其上的一點畫。

（二）增減和改變構件類

構件，也稱部件，是組成漢字的構形單位，「當一個形體被用來構造其他的字，成爲所構字的一部分時，我們稱之爲所構字的部件。如『日、木』是『杲』的構件，『木』是『森』的構件……。」〔註12〕可見，漢字構件是相對獨立的形體單位，其本身也是由一定筆畫組成，因此比單純的筆畫要複雜些。通過增減和改變文字構件而形成的俗體字，在東晉南朝墓誌文中屢見不鮮。其中，又以改變構件的俗體寫法居多。

1. 因增加構件而形成的俗字。例如：

「休」，《說文·木部》云：「休，息止也。從人依木。」謝琰墓誌「次子道烋，早夭」，「休」作「烋」，在「休」字的下邊增加了一個構件「灬」。類似情況尚見永陽敬太妃王氏墓誌「識茂烋風」，「休」作「烋」，在「休」字的下邊增加了一個構件「一」，似爲「灬」的省筆寫法。

「雋」，《說文·隹部》云：「雋，鳥肥也。從弓隹。」王興之夫婦墓誌「父哲，字世雋」，在其聲符「隹」左邊增加一個構件「亻」，並改形符「弓」爲「乃」。

2. 因減省構件而形成的俗字。例如：

「藏」，《說文》未收，當從艸，臧聲。《說文·臣部》云：「臧，善也。從臣，戕聲。」《玉篇·艸部》云：「藏，慈郎切。藏郎，草名。又隱匿也。又才浪切，庫藏。」王興之夫婦墓誌「臧之於墓」，「藏」作「臧」，將其形符「艸」省去，並對其聲符「臧」的筆畫有所改變和減省。

「蘇」，《說文·艸部》云：「蘇，桂荏也。從艸，穌聲。」衛和墓誌「侯景竄穌口入海」，「蘇」作「穌」，將其形符「艸」省去，並將聲符「穌」的「魚」部筆畫改變爲「罖」。

3. 因改變構件而形成的俗字。

東晉南朝墓誌文中因改變構件而形成的俗字最多，其俗體寫法的變化亦

〔註12〕 王寧：《漢字構形學講座》，上海教育出版社，2002 年，第 35 頁。王貴元在談到漢字的構形系統時也指出：「（漢字）構形系統的核心是構字成份及其聯繫。構字成份是指單字的構成成份，我們稱作構件，這是構形系統的要素。」（王貴元：《馬王堆帛書漢字構形系統研究》，廣西教育出版社，1999 年，第 12 頁）

最為繁雜，根據其構件改變的特點，尚可細分為五類：增減和改變構件筆畫類；同音代替類；形近代替類；義近代替類；符號代替類。

（1）增減和改變構件筆畫類。通常是將筆畫較多的構件作一定減省或改變，形成方便書刻而筆畫較少的構件，並以之取代原構件。例如：

「解」，《說文・角部》云：「解，判也。從刀判牛角。」《玉篇・角部》云：「解，諧買、居買二切，緩也，釋也，說也，散也；又諧懈切，接巾也；又古隘切，署也。」《干祿字書》云：「鮮、觧、解，上俗，中通，下正。」劉岱墓誌「終於縣觧」，「解」作「觧」，不僅以「羊」字代替原「𠂤」部，還省去中間一橫畫。

「諱」，《說文・言部》云：「諱，忌也。從言，韋聲。」衛和墓誌「君🔲和」，「諱」作「🔲」，將其聲符「韋」改作「🔲」。衛和墓誌「陳故🔲將軍墓誌銘並序」，「衛」作「🔲」，其聲符「韋」亦改作「🔲」。

此外，也有少量增加構件筆畫的情況。如「男」，《說文・男部》云：「男，丈夫也。從田力。言男子力於田也。」王康之墓誌「故🔲子」、王閏之墓誌「晉故🔲子」，誌文中「男」均作「🔲」；謝球墓誌「息🔲元」，「男」作「🔲」；程虔墓誌「益昌縣開國🔲」，「男」作「🔲」，等等，皆將「男」的「力」部作了改造，增加了一撇畫，僅書刻態勢略有出入。

（2）同音代替類。指兩種或兩種以上意義並不一定相關的構件，由於音近而以另一構件代替原有構件。如「闈」，《說文・門部》云：「闈，宮中之門也。從門，韋聲。」段注云：「羽非切。」永陽敬太妃王氏墓誌「闈門之禮斯洽」，「闈」作「閜」，將其聲符「韋」改作「為」。「韋」、「為」，音近。「韋」，《說文・韋部》云：「韋，相背也。從舛，口聲。」段注云「宇非切。」「為」本「爲」之俗字，《說文・爪部》云：「爲，母猴也。其爲禽好爪，下腹爲母猴形。」《玉篇・爪部》云：「為，於嬀切。《爾雅》曰『造作，為也。』俗作為。」

（3）形近代替類。指兩種或兩種以上意義並不一定相關的構件，由於形體相近而以另一構件代替原有構件。例如：

「鯤」，《說文》未收，當從魚，昆聲。《玉篇・魚部》云：「鯤，古門切，大魚，又魚子。」謝鯤墓誌「謝🔲幼輿」，「鯤」作「🔲」，以「角」替代原形符「魚」，當因二者字形甚近之故。

「僕」，《說文・䑑部》云：「僕，給事者。從人䑑，䑑亦聲。」王興之夫

婦墓誌「尙書左僕射」、王閩之墓誌「故尙書左僕射」、王丹虎墓誌「尙書左僕射」、永陽敬太妃王氏墓誌「尙書右僕射」，等等，「僕」均作「僕」，將其聲符「業」改寫。蓋因「業」和「業」的形體極其相似，故書刻時混「業」爲「業」，且爲書刻簡便計而省去一橫畫。

（4）義近代替類。指以另一種與原構件意義相近或相關的構件代替原構件。如「第」，《說文》未收，當從竹，弟聲。《玉篇·竹部》云：「第，徒計切，次第也。」「茅」，《說文·艸部》云：「茅，艸也。從艸，弟聲。」王興之夫婦墓誌「出養第二伯」、謝琰墓誌「即琰第二姊之長女」、明曇憙墓誌「茅三叔善蓋」，其中「第」均作「茅」，以「艸」代替「𥫗」，乃因二者意義、形體均比較接近，且前者筆畫較爲簡省。「竹」，《說文·竹部》云：「竹，冬生艸也，象形……凡竹之屬皆從竹。」「艸」，《說文·艸部》云：「艸，百芔也。從二屮。凡艸之屬皆從艸。」《干祿字書》云：「茅、第，次弟字，上俗，下正。」

（5）符號代替類。指將某些筆畫較多，或書刻不便的構件，用筆畫相對較爲簡省的，既不表音也不表意的符號代替。例如：

「劉」，《說文》未收，《玉篇·刀部》云：「劉，力牛切，鈘殺也，陳也。」謝鯤墓誌「妻中山**劉**氏」、顏謙婦劉氏墓誌「琅邪顏謙婦**劉**氏」，「劉」分別作「**劉**」、「**劉**」，以「叩」、「**ㄓ**」代替「刀」部，並將「金」部的筆畫略做改變。類似情況尙見謝球墓誌「夫人陳**留**阮氏」，「留」作「**留**」；王寶玉墓誌「秘迹徒**留**」，「留」作「**留**」，分別以「叩」、「丛」代替「刀」部。

「杭」，《說文·手部》云：「杭，抗或從木。」段注云：「若既夕禮『抗，木橫三縮二』，固可從木矣。今人用此字讀胡郎切，乃䒷之訛變。地名餘杭者，乃秦政舟渡處也。」劉岱墓誌「齊故監餘**杭**縣劉府君墓誌銘」，「杭」作「**杭**」，將其聲符「亢」改作「**亢**」。

（三）構件移位類

構件移位，是指書刻時將文字的構件隨意地作上下左右移動，改變了其固有位置，導致文字的原有形體結構發生變化，從而形成新的文字。例如：

「幼」，《說文·幺部》云：「幼，少也。從幺力。」謝鯤墓誌「謝鯤**幼**興」，「幼」作「**幼**」，將其聲符「幺」移位至形符「力」之左上，從而使整個字形由左右結構變爲上下結構。

「哲」，《說文·口部》云：「哲，知也。從口，折聲。」王興之夫婦墓誌「父哲」，「哲」作「哲」，將其聲符「折」的「扌」部由「口」上移至「口」左，從而使整個字形由上下結構變爲左右結構。

「剋」，《說文》、《玉篇》均未收，當從刀，克聲。《干祿字書》云：「克、剋，上克，能；下剋，勝。」劉剋墓誌「劉剋」，「剋」作「剋」，將其形符「刂」由聲符「克」的折畫之上移至「克」右，從而使整個字形由半包圍結構變爲左右結構。

第四節　墓誌俗字產生的原因

出於「紀親銘德」的考慮，墓誌文的書刻本應採用古體字、正體字，如此才具有「敬意」、合乎「禮教」，才能達至鄭重肅穆的效果。然而，東晉南朝墓誌文中卻出現如此多的俗體字，其原因何在？在詳細考察和分析了東晉、南朝墓誌俗字的寫法及其類型後，筆者以爲墓誌俗字產生的原因，大致有以下四個方面：

（一）社會環境與時代背景的影響

作爲文化的載體，文字不能不受當時社會環境與時代背景的影響。魏晉南北朝是中國歷史上一段大分裂、大動盪的時期，國家的分裂，政權的更迭，無疑給各地區語言文字的交流帶來極大不便，甚至造成隔閡。如此變動的社會環境與時代背景，就促成了六朝成爲漢字俗體異彩紛呈的一個高峰期，戰國時期「言語異聲，文字異形」的一幕在某種程度上復現。清畢沅《中州金石紀》云：「字之變體，莫甚於六朝。」當言此。《顏氏家訓·雜藝》引江南諺語云：「尺牘書疏，千里面目也。」〔註13〕恐怕不僅僅是就南朝尺牘書法體態存在相當大的差異而發的議論，也是對當時文字形體呈現著極其紛繁複雜的面貌而作的感慨。

東晉南朝時期釐正文字的字書的出現，如晉呂忱《字林》7 卷、梁顧野王《玉篇》31 卷〔註14〕，也表明有乖於正字規範的俗體字的泛濫。然世易風移，改易字體，以至專輒造字，時俗相尙，蔚然成風。雖有釐正文字的字書，而從之者恐怕仍是寥寥。前引《顏氏家訓·雜藝》云：「晉、宋以來，多能書者，

〔註13〕　（北齊）顏之推撰，王利器集解：《顏氏家訓集解》，第 507 頁。
〔註14〕　《隋書》卷三二《經籍志一》。

故其時俗，遞相染尚，所有部帙，楷正可觀，不無俗字，非爲大損。至梁天監之間，斯風未變；大同之末，訛替滋生。蕭子雲改易字體，邵陵王頗行僞字，朝野翕然，以爲楷式，畫虎不成，多所傷敗。至爲一字，唯見數點，或妄斟酌，逐便轉移。爾後墳籍，略不可看。」正是在善書之人如蕭子雲、邵陵王之流隨意造字〔註15〕，改易字體的影響下，俗字的使用轉而成爲社會流俗，自東晉至南朝綿延不絕而日甚，以至於有「從正則懼人不識」〔註16〕的心態表露。如此社會風習，則在客觀上無疑又促使了俗字的不斷產生與大量使用。

作爲一種實用的喪葬用品，墓誌在文字的書刻和使用方面恐怕也難免不爲流俗所染，致使墓誌文中因隨意增減、改變筆畫和構件的俗體字屢見不鮮。如高崧墓誌「圚陵高崧」，「廣」作「圚」，將其聲符「黃」省去一豎畫；而同一墓葬出土的高崧妻謝氏墓誌「廣陵高崧」，「廣」字正寫。可見，高崧墓誌中的「圚」字並非當時通行的俗字，而是因書刻者的隨意減省筆畫而形成的俗字。

（二）書體演進的影響

漢字形體的發展與演變，與書體的演進密切相關。當一種書體演進至另一種書體時，先前書體的某些寫法往往會保留下來，混用於後一種書體，從而形成後一種書體的俗體寫法。唐蘭曾指出：「其實中國文字既以形體爲主，訛變是免不了的，由商周古文字到小篆，由小篆到隸省，由隸省到正書，新文字總是舊文字的簡俗字。」〔註17〕

魏晉南北朝時期書法繁盛，社會上多種書體並存發展：一方面，漢隸繼續通行，如魏正始三體石經以漢隸爲正式通行文字；另一方面，草書、眞書、行書漸趨成熟，尺牘簡箚屢有所見。多種書體的並存發展、相互影響，難免會促使一批俗體字的產生。這在東晉南朝墓誌俗體字的寫法中有所反映。

例如，謝琰墓誌「大宋革命」、衛和墓誌「懷馬革之志」，「革」分別寫作「革」、「革」；王纂韶墓誌「雖斷機貽訓」、永陽敬太妃王氏墓誌「斷織之訓

〔註15〕 六朝書人因個人所好而隨意造字之事，史籍不乏記載。如《梁書》卷九《曹景宗傳》云：「景宗爲人自恃尚勝，每作書，字有不解，不以問人，皆以意造爲。」

〔註16〕 《顏氏家訓·書證》，第463頁。

〔註17〕 唐蘭：《中國文字學》，開明書店，1949年第1版；上海古籍出版社，1979年重印新1版，第183頁。

既明」、「斷」均作「断」；謝琰墓誌「出继從叔衛將軍尚」，「繼」作「继」，基本上是受草書寫法的影響而形成的楷書的俗體字。

再如，王寶玉墓誌「秘迹█留」，「徒」作「█」；王建之墓誌「前太宰█事中郎」，「從（從）」作「█」；王寶玉墓誌「█玉婁金」，「越」作「█」；蕭敷墓誌「靈筵█設」，「蹔（暫）」作「█」，均以「之」代替「止」部，基本上是受隸書寫法的影響而形成的楷書的俗體字。

（三）前代俗體寫法的影響

漢字形體與書體的使用，在一定時段內具有一定的延續性和穩定性。前代書體中某些俗字，仍爲後代所沿用。如：「万」本爲「萬」字的隸變〔註18〕，在戰國璽印與漢印中已不鮮見，而東晉南朝墓誌楷體中仍保留了「萬」的俗體寫法，作「万」（如謝琰墓誌「万壽子」）。

前代俗字偏旁的某種寫法，也爲後代所繼承採用，並以之構成新的俗體字。如漢曹全碑「撫育█寡」，「鰥」作「█」〔註19〕，以「角」代替「魚」。謝鯤墓誌「鯤」字寫作「█」，將其形符「魚」改作「角」，可能就是沿襲漢隸俗體的寫法。

（四）書刻者自身因素的影響

墓誌俗字的產生，與書人的文化素養、刻工的鑴刻技藝，無疑都有著比較密切的關係。如前所述，出土實物中東晉南朝墓誌書人題名少見，僅陳黃法氍墓誌有「冠軍長史謝眾書」的題名，而刻工的相關題名與記載全然沒有。然視之東晉南朝墓誌，其刊刻既然存在工整草率之別，書法體態有俊美鄙陋之異，則其書人的文化素養、刻工的鑴刻技藝無疑也存在高低不齊的情況。

一般來說，文化水平較低的書人，書寫墓誌文字時多一點少一橫，增減或改變字體的筆畫與構件，甚至全然改變文字的形體結構，導致新的俗字（與現今所謂「別字」相同）產生，屬於正常情況。「在文字規範化差的古代，一個字異體成群，正俗難辨，文化不普及，工具書難得，『錯別』與否，常無從

〔註18〕「隸變」通常是指由篆書演進爲隸書的過程中所形成的字體。因篆書圓轉彎曲，筆畫又太多，書寫多耗時費事，所以人們在非鄭重的場合，往往將字寫得草率一點，一些本該圓轉的弧形筆道變成了比較平直的筆畫，而最終演進至隸書。
〔註19〕秦公輯：《碑別字新編》，第458頁。

談起。即使是工具書,如《五經文字》等,注『誤』的字也很少。」〔註20〕

　　當然,在東晉、南朝俗字使用蔚然成風的情況下,文化水平較高的書人,也不一定就追求和注重文字書寫的規範。《顏氏家訓·書證》云:

　　　　吾昔初看《説文》,嗤薄世字,從正則懼人不識,隨俗則意嫌其
　　非,略是不得下筆也。所見漸廣,更知通變,救前之執,將欲半焉。
　　若文章著述,猶擇微相影響者行之。官曹文書,世間尺牘,幸不違
　　俗也。

顏氏此語,在某種程度上也說明了當時文人對社會上流行的俗字,持一種認同的態度。「官曹文書,世間尺牘,幸不違俗也」,更是表明俗體字的使用範圍,已不再局限於民間帳簿、藥方、券契、書信、簡箚等比較隨便的場合,而是擴到大官府文書等比較正式的場合。相對而言,墓誌應是一種比較莊重而正式的文體,然在如此社會風習的影響下,不論其書人文化水平高低與否,出現俗體字應該是可以理解的。此外,東晉南朝墓誌中某些墓誌的書寫,也並不排除有蕭子雲、邵陵王等善書者參與的可能,他們爲追求書法藝術的美感和個性,隨意造字,改易字體,致使墓誌俗體字的出現,亦屬正常。

　　負責墓誌鐫刻的工匠,通常身份比較低微,其文化修養自不可與文人士夫同日而語,然其書刻技藝的高低,不僅對墓誌書法的優劣,而且對墓誌俗字的產生也有所影響。如前所述,東晉南朝墓誌中那些鐫刻工整、字間劃界格或豎線欄的墓誌,如東晉謝鯤、張鎮、王興之夫婦、王建之及其妻劉媚子、王閩之、溫嶠、李摹、李緝、李纂妻武氏、高崧及其夫人謝氏墓誌,以及雖無界格然分行布白規整的南朝中晚期大部分墓誌,在鐫刻之前書丹很有可能;而那些鐫刻隨意草率,不講究布局,內容簡單僅數字的墓誌,如卞氏王夫人、顏謙婦劉氏、李纂妻何氏、王德光墓誌等,書丹的可能性很小,恐怕多由工匠直接奏刀刊刻。就前者而言,撇開墓誌俗字產生中的書人因素,若刻工的鐫刻技藝較高,則基本保持了墓誌書人的書法及字形原貌,不會再另增俗字;若刻工的鐫刻技藝較低,遇到筆畫、結構比較繁複的字,爲了方便鐫刻而減省筆畫或改變構件,則可能失去墓誌書人的書法及字形原貌,進而增加新的俗體字。就後者而論,則墓誌俗體字的產生與刻工的文化修養及鐫刻技藝均密切相關。

〔註20〕歐昌俊、李海霞:《六朝唐五代石刻俗字研究》,第221頁。

　　綜上所述，東晉、南朝墓誌文中的俗字，是受多方面因素的影響而產生。過分強調或誇大其中任何一方面的影響，難免會有失偏頗。例如，叢文俊在談及東晉琅邪王氏家族墓誌的書人身份時，曾以王興之夫婦、王閩之、王丹虎等三方墓誌為例，指出此三方墓誌的書字刻字存在許多問題，如訛形、缺筆、增飾、俗寫、同字及同一偏旁異形、楷隸混雜及兼行草之行、漏刻、點畫結構毫無章法可言，等等，進而認為：「所有現象都與缺少文化素養和書寫訓練的工匠作品相同，而素負顯貴清流的王氏子弟決不會如此拙劣，連起碼的小學教育水平都不具備，虛承千載盛名。」〔註21〕我們撇開王氏墓誌書法是否粗鄙如同工匠作品不談，僅就叢文俊以墓誌俗字來判別墓誌書人的身份而言，其所論即顯然失之武斷。

〔註21〕叢文俊：《關於魏晉書法史料的性質與學術意義的再認識——兼及「蘭亭論辯」》，華人德、白謙慎主編《蘭亭論集》，第230～259頁。

第六章　東晉南朝墓誌詞語

　　墓誌詞語是漢語詞彙的重要組成部分，系統整理東晉南朝墓誌中的特殊詞語，描述該類詞的基本面貌、特徵和語用表達功能，從而爲中古漢語詞彙史的研究提供語言證據，對中古漢語詞彙研究領域的拓展不無助益。此外，語言是文化的符號，也是文化的載體，東晉南朝出土墓誌作爲喪葬文化的重要組成部分，墓誌文中的措辭與用語也相應頗具特色，而全面梳理東晉南朝出土墓誌詞語，描述其變遷歷程及所反映出的某些文化現象，無疑也有助於我們瞭解彼時社會的文化風貌。本章即從語言學角度，對東晉南朝墓誌詞語按其語義主題進行分類考察，並就其中頗具特色的詞語進行考釋，以揭示東晉南朝墓誌用語的特殊性。

第一節　婚喪禮俗詞語 〔註1〕

一、婚姻詞語

　　1. 適 [11]（詞條上標數字表示出現該詞語的墓誌數量，若某詞語僅出現於某

〔註 1〕 關於東晉南朝墓誌中的婚喪禮俗詞語，前人研究中已有部分涉及，可參王盛婷：《漢魏六朝碑刻禮俗詞語研究》，西南師範大學 2004 年碩士學位論文；金小棟：《魏晉南北朝石刻年齡詞語研究》，西南師範大學 2005 年碩士學位論文；李發：《漢魏六朝墓誌人物品評詞研究》，西南大學 2006 年碩士學位論文；吳爲民：《六朝碑刻喪葬詞語研究》，西南大學 2008 年碩士學位論文；王盛婷：《試說漢魏南北朝碑刻婚姻詞》，《古籍整理研究學刊》2005 年第 6 期；王盛婷：《試說漢魏六朝碑同根葬詞》，《西華師範大學學報》（哲學社會科學版）2006 年第 2 期。

1 方墓誌，則略去數字。下同）、重適〔註2〕

（1）適，墓誌俗字也作「嫡」，女子出嫁義。《說文・辵部》云：「適，之也。」段注云：「女子嫁曰適人。」〔註3〕「適」的本義是到某處去，而女子出嫁，從娘家到夫家，故「適」引申爲「出嫁」。

（2）重適，女子再嫁。《劉襲墓誌》云：「第一姊茂徽，適陳郡長平殷臧……重適琅邪臨沂王閔之。」

2. 歸^2、來歸、言歸^2

歸，古代指女子出嫁，以丈夫之家爲家，作爲自己的歸宿。《說文・止部》云：「歸，女嫁也。」《易・漸》云：「女歸，吉。」孔穎達疏云：「歸，嫁也，女人生有外成之義，以夫爲家，故謂嫁曰歸也。」〔註4〕《王獻之保母墓誌》「歸王氏」，《王纂韶墓誌》「允歸卿族」，皆此義。

又「來歸」，亦指女子出嫁，是從夫家方面而言。《劉媚子墓誌》云：「年廿來歸。」

又「言歸」。《王纂韶墓誌》「言歸王室」，《永陽敬太妃王氏墓誌》「淑問顯於言歸」。《詩・周南・葛覃》云：「言告師氏，言告言歸。」毛傳云：「言，我也。」〔註5〕

3. 配

《溫式之墓誌》云：「配河內山氏。」《說文・酉部》云：「配，酒色也。」大意謂將不同的酒相調配，以達到匹配、滿意的酒色。《玉篇・酉部》云：「配，合也。」從而引申出婚配、成婚義。

4. 納

《王寶玉墓誌》云：「納於蕭氏。」「納」，《說文・系部》云：「納，絲濕納納也。」段注云：「古多假納爲內字，內者，入也。」又，《說文・入部》云：「內，入也。從门入，自外而入也。」〔註6〕男子娶妻，將女子迎進家門，使之成爲家庭一員，故「納」即由「內」而引申出迎娶、娶妻的特定含義。

〔註2〕 「適」今簡化作「适」，然「適、适」古漢語乃意義不同之二字，《說文》並收，故此仍以「適」釋。

〔註3〕 （漢）許慎撰，（清）段玉裁注：《說文解字注》，第71頁。

〔註4〕 《十三經注疏》，中華書局，1980年影印本，第63頁。

〔註5〕 《十三經注疏》，第277頁。

〔註6〕 （漢）許慎撰，（清）段玉裁注：《說文解字注》，第645頁。

5. 作嬪²

《王纂韶墓誌》「作嬪君子」、《永陽敬太妃王氏墓誌》「作嬪盛德」。「作」，為、充當、擔任義；「嬪」，妻妾義，《說文‧女部》云：「嬪，服也。」段注云：「婦者，服也，故釋嬪亦曰服也。」〔註7〕「嬪」與「婦」同義，是為古代婦女的通稱，也稱妻妾。故「作嬪」即嫁作妻妾義。

6. 婚

《蕭敷墓誌》云：「衡陽王冠婚禮備。」婚，起初也寫作「昏」，後來為區別「昏」之本義而加「女」旁，才產生出「婚」，意指男女結成夫婦之事〔註8〕。

7. 禽幣

《王纂韶墓誌》云：「禽幣思賢。」禽幣，指婚禮。古代婚姻遵循「六禮」之制，即「納采，問名，納吉，納徵，請期，親迎」六道禮儀程序。《儀禮‧士婚禮》云：「婚禮，下達納采，用雁。」鄭玄注云：「用雁為贄者，取其順陰陽往來。」賈公彥疏云：「云納採用雁者，婚禮有六，五禮用雁，納采、問名、納吉、請期、親迎是也，唯納徵不用雁，以其自有幣帛可執故也。」〔註9〕

二、喪葬詞語

（一）表「死亡」義

東晉南朝墓誌中表示「死亡」義的詞語較為豐富，然因古人對死亡的語言禁忌〔註10〕，直接使用「死」字者極少〔註11〕，多以他詞或委婉語代稱。

1. 亡¹¹、早亡、早夭、早世、早卒、不育、不永²

亡，死義。《說文‧亾部》云：「亾（亡），逃也。」段注云：「亡之本義為逃，今人但謂亡為死，非也。引申之則謂失為亡，亦謂死為亡，孝子不忍死其親，但疑親之出亡耳。」〔註12〕

〔註7〕 （漢）許慎撰，（清）段玉裁注：《說文解字注》，第 621 頁。

〔註8〕 沈懷興：《婚‧娶‧妻‧丈夫》，《漢字文化》2000 年第 1 期。

〔註9〕 《十三經注疏》，第 961、224 頁。

〔註10〕 中國古代因語言避諱與禁忌而使用委婉語的情況，可參王力：《漢語史稿》，中華書局，1980 年，第 584～587 頁。

〔註11〕 73 方東晉南朝出土墓誌僅《蕭子恪墓誌》一見，由於該誌漫漶過甚，且未見完整拓版公開發表，故存疑。

〔註12〕 （漢）許慎撰，（清）段玉裁注：《說文解字注》，第 634 頁。

又「早亡」，早死義。《謝琰墓誌》「長伯寄奴，次伯探遠，並早亡」、「次叔諱豁，字安度，早亡」、「弟璵，字景琳，早亡」。而表示早死義者，墓誌尚見早夭、早世、早卒、不育、不永；或於「亡」字前具體年歲，如劉媚子墓誌「二女並二歲亡」、王建之墓誌「並二歲亡」。

2. 薨[11]、薨逝

薨，《說文・死部》云：「薨，公侯卒也。」《禮記・曲禮下》云：「天子死曰崩，諸侯曰薨，大夫曰卒，士曰不祿，庶人曰死。」〔註13〕

又「薨逝」。《永陽敬太妃王氏墓誌》云：「永陽太太妃奄至薨逝。」「逝」，是對死亡的委婉表達，《說文・辵部》云：「逝，往也。」「薨」、「逝」在委婉義上同義，並列成詞。

以上墓誌所見使用「薨」字者，皆係享有王侯之封爵及其妻室，此說明東晉南朝時以「薨」字表示死者身份等級的功能尚未喪失。

3. 卒[9]

卒，有盡、完義，人死命終，因喻指死亡。《詩・邶風・日月》云：「父兮母兮，畜我不卒。」鄭玄箋云：「卒，終也。」〔註14〕

4. 終[3]

終，本義指把絲纏緊，引申為結局、終止義，再引申為死亡義。《說文・系部》云：「終，絿絲也。」段注引《廣韻》云：「終，極也，窮也，竟也。」〔註15〕

5. 即

即，本義為就食。《說文・皀部》云：「即，即食也。」段注引《詩・鄭風》毛傳云：「即，就也。」〔註16〕引申為接近、靠近義。《明曇憙墓誌》云：「啟奠有期，幽穸長即。」此「即」字表示前往「幽穸」的另外一個世界，為「死」的婉稱。

6. 凶折

《劉襲墓誌》云：「年志始壯，奄焉凶折。」凶，本惡、不好之義，後引申短命之義。《說文・凶部》云：「凶，惡也。」《玉篇》云：「凶，許恭切，短折也，惡也，咎也。」；折，本斷義，指以工具斷草，後喻指生命的中斷。

〔註13〕 《十三經注疏》，第 1269 頁。
〔註14〕 《十三經注疏》，第 299 頁。
〔註15〕 （漢）許慎撰，（清）段玉裁注：《說文解字注》，第 647 頁。
〔註16〕 （漢）許慎撰，（清）段玉裁注：《說文解字注》，第 216 頁。

《說文・艸部》云：「折，斷也，從斤斷艸。」《玉篇》云：「士列切，斷也。」「凶折」合詞即喻指壯年殞命。

7. 金飛、玉碎

《明曇憙墓誌》云：「金飛輦路，玉碎宸嬛。」以金、玉的消散、破碎，來喻指死亡。

9. 掩縟、摧芳

《王寶玉墓誌》云：「中春掩縟，半露摧芳。」中春，即「仲春」，春季的第二個月，《周禮・天官・內宰》云：「中春，詔后帥外內命婦始蠶於北郊。」〔註17〕「掩」，《說文・手部》云：「掩，斂也，小上曰掩。」「縟」，《說文・糸部》云：「縟，繁采飾也。」「中春掩縟」，本謂仲春二月，繁花似錦，樹木蔥鬱，卻遭無情摧折，此處喻指墓主芳齡早逝。「掩縟」、「摧芳」，此皆委婉表達死亡義。

10. 蘭玉俱摧

《王纂韶墓誌》云：「齊季昏虐，時惟交喪，蘭玉俱摧，人綱已絕。」以古人喜愛、象徵品性高潔之蘭與玉的摧折、破碎，喻指才德高能之士的死亡。

11. 遽捐華館

《蕭敷墓誌》云：「薰萃繁霜，遽捐華館。」「捐」，有放棄、捨棄義。《說文・手部》云：「捐，棄也。」「捐華館」，即拋棄華麗的館舍，是為死亡的婉稱。

12. 大夜、晚夜、幽、寂、長冥、沈冥

在中國古人觀念裏，通常陽世的人體生命雖告結束，但其靈魂不滅，只是回歸冥冥的陰間世界而已，所以人死長埋地下，類同永處漫漫長夜。《永陽敬太妃王氏墓誌》「大夜方攸」、《海陵王墓誌》「晚夜何長」，「大夜」、「晚夜」均係「死亡」之委婉語。

較之生前世界的喧囂擾攘，死後的地下陰世，往往被形容成黑暗、幽寂、隱蔽之所，故又以「幽」、「寂」、「長冥」、「沈冥」來代指死亡，如《劉襲墓誌》「以悲幽明之殊隔，傷一訣而永分」、《王寶玉墓誌》「虛筵長霧，寂帳恒蔭」、《劉懷民墓誌》「履淑違徵，潛照長冥」、《王纂韶墓誌》「留芳昭代，永勒沈冥」。

〔註17〕《十三經注疏》，第 685 頁。

13. 奄奪鴻慶

《永陽敬太妃王氏墓誌》「奄奪鴻慶」,「奄」,突然、忽然義;「奪」,強取義。《易・繫辭上》云:「小人而乘君子之器,盜思奪之矣。」〔註18〕「鴻」,大義,「鴻慶」即大慶、洪福義,喻指年壽。人死,年壽已盡。故墓誌以「奄奪鴻慶」婉稱突然死亡。

(二)葬俗類

1. 埋葬方式

(1)葬 [15]、假葬 [1]、合葬 [4]、附葬 [1]、祔葬 [2]、陪葬 [1]

①葬,本義謂人死用草覆蓋埋葬,後用棺木埋入土中。《說文・茻部》云:「葬,臧也,從死,在茻中。」又云:「茻,眾艸也。」

②假葬,謂暫時淺埋以待改葬。《謝鯤墓誌》云:「假葬建康石子崗。」《三國志》卷九《魏書・曹休傳》亦云:「休年十餘歲,喪父,獨與一客擔喪假葬。」〔註19〕

③合葬,夫婦同葬一墓室。既有妻子死後合葬先逝之丈夫,如《王興之夫婦墓誌》載:王興之以東晉咸康六年(340)卒,七年(341)葬,而其妻宋和之以永和四年(348)卒,「以其月廿二日合葬於君柩之右」;也有妻子先去世,而後逝之丈夫與之合葬者,如《劉媚子墓誌》、《王建之墓誌》所載:劉媚子葬於太和六年(371),而王建之在咸安二年(372)合葬。

又「合祔」,與「合葬」同義。《謝濤墓誌》載:謝濤於宋元嘉十六年(429)葬,其妻王氏以大明七年(463)合祔。「祔」,本祭名,原指古代帝王在宗廟內將後死者神位附於先祖旁而祭祀。《說文・示部》云:「祔,後死者合食於先祖。」後泛指配享、附祭,引申爲合葬義。

又「附葬」,《何法登墓誌》云:「泰元十四年正月廿五日卒,其年三月六日附葬處士君於白石。」據考古發據簡報,何法登與其夫王康之墓誌出土於同一墓室〔註20〕,係夫妻合葬墓,故此「附葬」亦意同「合葬」。

又「祔葬」,《蕭敷墓誌》云:「昭王之妃王氏……以今普通元年十一月九日薨。其月廿八日舉祔葬之典。」《永陽敬太妃王氏墓誌》云:「粵其月廿八日戊戌祔葬於琅耶臨沂縣長干里黃鵠山。」蕭敷卒於齊建武四年(497),而

〔註18〕 《十三經注疏》,第 80 頁。
〔註19〕 (晉)陳壽撰,(南朝宋)裴松之注:《三國志》,第 279 頁。
〔註20〕 南京市博物館:《南京象山 11 號墓清理簡報》,《文物》2002 年第 7 期。

王氏卒於梁普通元年（520），2 方墓誌雖然具體出土情況不明，但結合誌文，可以考見係同時撰刻，且蕭敷與王氏應是夫妻合葬。故此「祔葬」與上述「合葬」、「合祔」、「附葬」義同。

④陪葬，《劉媚子墓誌》云：「倍（陪）葬於舊墓，在丹陽建康之白石。」結合王氏家族墓誌及其夫王建之墓誌所述，則此「陪葬」當指葬於家族墓地、先人舊墓之旁。

（2）窆⁸、祔窆

窆，本指將棺木葬入壙穴，後泛稱埋葬。《周禮·地官·鄉師》云：「及窆，執斧以涖匠師。」賈公彥疏云：「窆，是下棺也。」〔註21〕《說文·穴部》云：「窆，葬，下棺也。」

又，「祔窆」，合葬義。《王纂韶墓誌》云：「粵其年十一月丙午朔十日乙卯祔窆戎辟里戎辟山。」

（3）窀穸²、穸²

窀穸、穸，《謝濤墓誌》「其年九月三十日窀穸於揚州丹楊郡建康縣東鄉土山裏」、《張氏墓誌》「元徽元年十月甲辰朔十七日庚申權假窀穸於西鄉」、《明曇憙墓誌》「幽穸長即」、《劉襲墓誌》「深泉永穸」，均係埋葬的委婉語。《說文·穴部》云：「窀，窀穸，葬之厚夕也。從穴，屯聲。《春秋傳》曰：『窀穸，從先君於地下。』」「穸，窀穸也，從穴，夕聲。」〔註22〕「穸」通「夕」，夜晚義，《類篇·穴部》云：「穸，長夜謂之穸。」故「窀穸」合詞本指長夜，此作埋葬義解。

（4）遷神¹

遷神，《王建之墓誌》云：「夫人南陽涅陽劉氏，先建之半年薨。咸安二年三月甲午朔十四日丁未遷神，……合葬舊墓。」遷，遷移、搬動義。《詩經·衛風·氓》云：「以爾車來，以我賄遷。」毛傳云：「遷，徙也。」〔註23〕神，本義造物主，《說文·示部》云：「神，天神引出萬物者也。」《玉篇·示部》注引《大戴禮》云：「陽之精氣曰神，陰之精氣曰靈。」引申爲人死後的靈魂，與「靈」同義。聯繫《劉媚子墓誌》，劉氏先葬王氏家族舊墓，待其夫王建之卒後夫婦合葬，則此「遷神」，意同「遷神（靈）柩」，也含遷

〔註21〕　《十三經注疏》，第 714 頁。
〔註22〕　（漢）許慎撰，（清）段玉裁注：《說文解字注》，第 347 頁。
〔註23〕　《十三經注疏》，第 324 頁。

葬義。

（5）安厝²

「厝」，放置、安置義。「安厝」，即最終埋葬，永久性埋葬義。〔註24〕

（6）埋¹

《衛和墓誌》云：「長埋忠孝。」埋，與「葬」同義，《玉篇・土部》云：「埋，塵也，藏也，瘞也。」

2. 表「墳墓」義

（1）墓¹²、舊墓⁴

① 墓，《說文・土部》云：「墓，丘墓也。」段注引《方言》云：「凡葬而無墳謂之墓。」〔註25〕《禮記・檀公上》載孔子語云：「吾聞之，古也墓而不墳。」鄭玄注云：「墓，謂兆域，今之封塋也。古，謂殷時也。土之高者曰墳。」〔註26〕則墓本與墳相對而言，凡墓葬有封土高出地面者稱墳，與地面相平者稱墓。墓與墳的詞義區別後來逐漸模糊，均指墳墓。

② 舊墓，祖塋義，也指家族墓地。《謝鯤墓誌》云：「假葬建康縣石子崗……舊墓在滎陽。」謝鯤祖籍陳國陽夏，晉屬豫州，在今河南太康縣境，其期待身後安息的「舊墓」屬祖籍所在。而《王閩之墓誌》、《劉媚子墓誌》、《王建之墓誌》所稱「舊墓」，並非琅邪王氏祖籍琅邪臨沂所在（今山東省境內）的祖塋，卻指僑置琅邪郡所轄的南京象山王氏家族墓地。

（2）宮、玄宮、玄堂、玄夕

宮，本爲人世間的建築，墓誌也借喻墳墓。《王獻之保母墓誌》云：「後八百餘載知獻之保母宮於茲上者尙□□□□焉。」

又「玄宮」，於「宮」前加一「玄」字，表墳墓義更加明晰，也更近墳墓的幽遠黑暗特點。「玄」，本含兩層意思：遠，幽遠；赤黑色，常指黑色。《說文・玄部》云：「玄，幽遠也。……黑而有赤色者爲玄。」

又《劉襲墓誌》「考辰筮吉，玄堂啓基」，「玄堂」義同「玄宮」，皆爲墳墓婉稱。

又「玄夕」，結合「玄」之幽遠、黑色，與「夕」之夜晚義，婉稱墳墓。《明曇憙墓誌》云：「鐫塵玄夕，志揚言留。」

〔註24〕 可參前揭張學鋒：《南京象山東晉王氏家族墓誌研究》，牟發松主編《社會與國家關係視野下的漢唐歷史變遷》，第335頁。

〔註25〕 （漢）許慎撰，（清）段玉裁注：《說文解字注》，第692～693頁。

〔註26〕 《十三經注疏》，第1275頁。

（3）冢

　　冢，墳墓義。《說文‧勹部》云：「冢，高墳也。」段玉裁注云：「土部曰：『墳者，墓也。』墓之高者，曰冢。」〔註27〕《周禮‧春官》云：「冢人，下大夫二人，……徒百有二十人。」鄭玄注云：「冢，封土爲丘壟，象冢而爲之。」〔註28〕

　　（4）墳塋²

　　墳，墓地埋棺之處堆土成丘。《說文‧土部》云：「墳，墓也。」段玉裁注云：「此渾言之也。析言之則墓爲平處，墳爲高處。」〔註29〕塋，葬地。《說文‧土部》云：「塋，墓地。」段玉裁注云：「經營其地而葬之。」〔註30〕《劉岱墓誌》「始創墳塋於揚州丹楊郡勾容縣南鄉糜里龍窟山北」、《蕭敷墓誌》「墳塋當開，靈莚暫設」，「墳塋」合詞均表墳墓義。

　　（5）壟、夕壟

　　壟，墳墓義。《張氏墓誌》云：「壟木已藹。」《說文‧土部》云：「壟，丘壟也。」段注云：「高者曰丘壟。……《曲禮》『適墓不登壟』注曰：『爲其不敬。壟，冢也。』」〔註31〕

　　又「夕壟」，《王纂韶墓誌》云：「輟驂夕壟」。於「壟」前加一夜晚義之「夕」字，於墳墓的特點更相合，「夕壟」合詞爲墳墓婉稱。

　　（6）泉、窮泉、泉房、泉室、泉門

　　泉，《說文‧泉部》云：「泉，水原也。象水流出成川形。」人死埋葬地下，深與泉水相及，古人認爲死後的人靈魂不滅，以泉相伴，故常常以「泉」借指人死後埋葬的地方，如《明曇憙墓誌》云：「俯銘泉側。」

　　又「窮泉」，《蕭敷墓誌》「窮泉口口」，是將「窮」的盡義與泉的特殊意義相結合，成爲墳墓的婉稱，如同「九泉」。

　　另，在「泉」字這種特殊意義的基礎上，通常又加上房、室、門等人世建築有關的詞，來指稱墳墓。如《王寶玉墓誌》「式讚泉房」、《蕭融墓誌》「式銘泉室」、《劉岱墓誌》「泉門幽曖」。

〔註27〕　（漢）許愼撰，（清）段玉裁注：《說文解字注》，第 433 頁。
〔註28〕　《十三經注疏》，第 753 頁。
〔註29〕　（漢）許愼撰，（清）段玉裁注：《說文解字注》，第 693 頁。
〔註30〕　（漢）許愼撰，（清）段玉裁注：《說文解字注》，第 692 頁。
〔註31〕　（漢）許愼撰，（清）段玉裁注：《說文解字注》，第 693 頁。

（7）幽扃、幽堁

幽，本義隱蔽，《說文・丝部》云：「幽，隱也。」段注云：「皀部曰：『隱蔽也。』《小雅》『桑葉有幽』毛曰：『幽，黑色也。』」〔註32〕隱蔽之處必僻靜，故「幽」引申爲「僻靜」；而僻靜之處往往多暗淡無光，故「幽」又可引申爲「暗、暗淡」；「幽」又有「黑色」義，則「暗」與「黑」相關，故「幽」有「黑」之義，而墓誌也常以「幽」表達與死亡、墳墓相關的意義。

堁，《王篇・土部》云：「地之八際也。」即八方之土地義。《蕭敷墓誌》「幽堁暫啓」，以「幽堁」合詞婉稱「墳墓」。

扃，本義指從外面關門的閂。《說文・戶部》云：「扃，外閉之關也。」段玉裁注云：「關者，以木橫持門戶也。」〔註33〕《蕭敷墓誌》「幽扃斯啓，容物暫陳」，「幽扃」合詞指代墳墓。

3. 葬具

（1）槨

《張鎭墓誌》「吳國吳張鎭字羲遠之郭」，「郭」即「槨」。古代棺有兩重，內稱「棺」，外稱「槨」。《莊子・天下篇》云「桐棺三寸而無槨。」《說文・木部》云：「槨，葬有木臺也。」段注云：「木臺者，以木爲之，周於棺，如城之有臺也。」〔註34〕

（2）柩

《王興之夫婦墓誌》「以其月廿二日合葬於君柩之右」，「柩」，指裝有屍體的棺材。《說文・亡部》云：「柩，匛或從木。」「匛，棺也。」段注云：「木部曰：『棺者，關也。所以掩屍』此云棺也，二篆義同。《曲禮》曰：『在床曰屍，在棺曰柩。』是棺柩義別，虛者爲棺，實者爲柩。」〔註35〕

（3）紼柳

《王纂韶墓誌》云「紼柳在庭。」「紼」，指下葬時引柩入穴的繩索，後泛指牽引棺材的大繩。《禮記・曲禮上》云：「助葬必執紼。」鄭玄注云：「紼，音弗，引棺，本亦作引車索。」〔註36〕「柳」，棺車的裝飾物。《史記》卷一百《季布欒布列傳》云：「乃髡鉗季布，衣褐衣，置廣柳車中……」，裴駰《集

〔註32〕（漢）許愼撰，（清）段玉裁注：《說文解字注》，第 158 頁。
〔註33〕（漢）許愼撰，（清）段玉裁注：《說文解字注》，第 587 頁。
〔註34〕（漢）許愼撰，（清）段玉裁注：《說文解字注》，第 270 頁。
〔註35〕（漢）許愼撰，（清）段玉裁注：《說文解字注》，第 637 頁。
〔註36〕《十三經注疏》，第 1249 頁。

解》云：「服虔曰：『東郡謂廣轍車爲柳。』鄧展曰：『皆棺飾也。載以喪車，欲人不知也。』李奇曰：『大牛車也，車上覆爲柳。』瓚曰：『茂陵書中有廣柳車，每縣數百乘，是今運轉大車是也。』」司馬貞《索隱》云：「鄧展所說……事義相協，最爲通允。」〔註37〕則「綍柳」既可析解，又可合詞代指靈柩或棺車。

（4）墓誌[5]、墓誌銘[8]、墓誌銘並序、墓誌銘序、銘、幽石、玄石、金石、貞石皆墓誌之不同稱名，詳見本書「墓誌釋名」，此不贅述。

（5）明旌

《蕭敷墓誌》「式改明旌」，「明旌」，屬旌旗制度中的一種，爲喪具之一，已見前文。

（6）「東園秘器」

《永陽敬太妃王氏墓誌》「可給東園秘器」，「東園秘器」，指皇室、顯宦死後用的棺材。《漢書》卷九十三《佞倖傳·董賢》：「及至東園秘器，珠襦玉柙，豫以賜賢，無不備具。」顏師古注云：「東園，署名也。《漢舊儀》云：『東園秘器作棺梓，素木長二丈，崇廣四尺。』」〔註38〕

4. 習俗

（1）殉

《王獻之保母墓誌》云：「殉以曲水小硯，交螭方壺。」殉，古代本指以人陪葬，後漸指以物隨葬，此處王獻之保母以「曲水小硯，交螭方壺」等器物隨葬。

（2）筮吉、卜窆

古人重喪葬，死者入殮後，通常不會倉促下葬，而是通過占卜來選擇葬墓地葬時。《詩·衛風·氓》云：「爾卜爾筮。」毛傳云：「龜曰卜，蓍曰筮。」〔註39〕卜用龜甲，筮用蓍草，通過占卜預測吉凶或卜問疑難之事。《劉襲墓誌》「考辰筮吉」，即通過占卜選擇好的葬地和葬時；《王寶玉墓誌》「卜窆於臨沂縣之黃鵠山」，指經占卜後而安葬於臨沂縣之黃鵠山。

（3）奠[4]

奠，陳設祭品祭祀死者。《說文·丌部》云：「奠，置祭也。」段注云：「置

〔註37〕中華書局，1959年第1版，1982年第2版，第2729、2730頁。

〔註38〕中華書局，1962年，第3734頁。

〔註39〕《十三經注疏》，第324頁。

祭者，置酒食而祭也。」〔註40〕見《明曇憙墓誌》「啓奠有期」、《劉岱墓誌》「奠設徒陳」、《王纂韶墓誌》「祖行撤奠」、《永陽敬太妃王氏墓誌》「奠遷朱邸，駕指行楸」。

（4）靈莚

《蕭敷墓誌》「靈莚暫設」，「靈」，本指楚人跳舞降神的巫，後引申爲「神靈」。《說文・玉部》云：「靈，巫也，以玉事神。」《玉篇・巫部》云：「靈，神靈也。」此處婉稱死者的「亡靈」。「靈莚」，即「靈筵」，指供奉亡靈的靈坐或靈床。《說文・竹部》云：「筵，竹席也。」《梁書》卷五十二《止足・顧憲之傳》云：「不須常施靈筵，可止設香燈，使致哀者有憑耳。」〔註41〕《顏氏家訓・終制》云：「靈筵勿設枕几，朔望祥禫，唯下白粥清水乾棗，不得有酒肉餅果之祭。」王利器集解云：「靈筵，供亡靈之几筵，後人又謂之靈床，或曰儀床。」〔註42〕

（5）監護喪事

《王纂韶墓誌》云：「鴻臚持節監護喪事。」由朝廷派遣鴻臚寺監護，爲喪家經營喪事。

（三）述哀

東晉南朝墓誌中表達對死者的哀痛、憐惜之辭，往往以「傷」[4]、「弔」、「悼」、「慟」、「哀」、「悲」、「痛」、「憫」等詞及某些表程度的修飾語組成。例如：《劉襲墓誌》「聖主嗟悼，朝野傷悲」、《王寶玉墓誌》「孰云不傷」、《蕭融墓誌》「永懷傷切」、《王纂韶墓誌》「停引哀傷」、《蕭敷墓誌》「永慕慟心」、「追慕摧慟」，《永陽敬太妃王氏墓誌》「哀摧忉割」、「悲懷抽割」，《明曇憙墓誌》「痛嗟朝野」，《蕭融墓誌》「如何不弔」，《張鎮墓誌》「辜愍」。

（四）人物品評

南朝墓誌，尤其是中後期「序（誌）」、「銘」俱全的完整墓誌，「紀親」與「銘德」的特徵更爲明顯。紀親，「墓誌，則直述世系、歲月、名字、爵里，用防陵谷遷改」〔註43〕；銘德，往往對墓主的「高風亮節」、「雄偉英烈」極盡詠贊之能事。

〔註40〕　（漢）許愼撰，（清）段玉裁注：《說文解字注》，第 200 頁。
〔註41〕　中華書局，1972 年，第 760 頁。
〔註42〕　（北齊）顏之推撰、王利器集解：《顏氏家訓集解》，第 537、539 頁。
〔註43〕　（明）吳訥著、于北山點校《文章辨體序說》，第 53 頁。

1. 家族世系

東晉及南朝早期墓誌對墓主家族世系與婚媾情況的記載，絕大部分皆爲白描式的敘述，屬求實性文字；而南朝中後期墓誌則轉向文學化語言的修飾，甚或虛誇溢美之辭。

這其中既有簡潔描述墓主出身者，如《張鎮墓誌》「世爲冠族」、《王寶玉墓誌》「漣光疊映，有自來矣」、《劉襲墓誌》「支蔭帝宇，締慶文明」、《蕭融墓誌》「於昭帝緒，擅美前王」、《程虔墓誌》「扶業承基」。

又有略加追述祖業、族系所出者，如《蕭敷墓誌》墓誌「炳靈聖緒，體自琁源。積德景仁之基，配天經營之業，固以詳乎二策，載在六詩」、「赫矣皇業，昭哉洪胄」，《永陽敬太妃王氏墓誌》「其先周靈王之後，自秦漢逮於晉宋，世載光口，羽儀相屬」。

更有遠追先祖，誇耀祖業、門第之榮顯者，如《王纂韶墓誌》「周儲命氏，世載厥德，清源華幹，派別綿昌」、「冠冕承業，映遵前軌」、「皇基積祉，本枝克盛，岐陽之功載遠，隆姬之祚在焉」。

2. 外貌風度

墓誌對人物外貌長相與氣質風度的品評，往往從「姿」、「容」、「神」、「風」、「韻」、「氣」、「體」等方面，分別附綴相關詞語來予以評價。

姿，姿態、形態義，《說文・女部》云：「姿，態也。」神，表情義。《劉襲墓誌》「神姿韶雅」，以「韶雅」形容其姿態之美好與神情之優雅。《王寶玉墓誌》「神華玉麗」，既讚其容貌如「玉」之「麗」，又褒揚其神情雍容華貴。

容，容貌義。《玉篇・宀部》云：「容，容儀也。」《張氏墓誌》「選史圖容，循詩範節」，讚其能以「女史」的標準來精心修飾自己的容貌，能以詩書之義規範自己的禮度。《蕭敷墓誌》「羽儀口明，神容淵凝」，讚其神情儀容之深厚、端莊。

風，風度；韻，情趣，風度；《明曇憙墓誌》「天情凝澈，風韻標秀」，《蕭融墓誌》「風標秀特」，以「秀」、「特」來形容其風度卓然。

氣，氣質；體，身體、形象。《蕭融墓誌》「清情秀氣，峨然自高」、「器體淹和」，《蕭敷墓誌》「體道淵塞，風格峻遠」，皆從氣質、形象方面大加讚頌。

3. 學識才幹

墓誌對人物學識才幹的品評，主要集中於先天的姿質、後天的學識以及

具體才幹，通常使用「識」、「器」、「資」、「才」、「用」、「績」等語素，並綴飾以相關形容語詞，例如：《蕭融墓誌》「雅亮通明，器識韶潤」，《蕭敷墓誌》「兼資文武」、「識業淵通」，《劉襲墓誌》「才用理濟」、「蒞政平簡，聲績兼著」，《劉岱墓誌》「識量淹濟」，《程虔墓誌》「才過崇謀」。

4. 品德性情

墓誌品評人物品德性情的詞語，基本遵從儒家傳統的倫理規範，以「仁」、「德」、「義」、「誠」、「忠」、「信」、「順」、「謙」、「恭」、「貞」、「賢」、「良」、「孝」、「敬」、「善」為品評語素，這些語素既可單獨成詞，尚可添加其他詞合成品評詞語。例如：《張鎮墓誌》「仁德隆茂」、「夫人貞賢，亦時良媛」，《王獻之保母墓誌》「志行高秀」、「柔順恭勤」，《劉襲墓誌》「義超終古，誠冠當今」、「忠則亡家，義實光族」，等等。

也有形容人物性情自然、純樸的詞語，如「明」、「純」、「淑」、「沖清」、「自然」、「高秀」、「嚴損」、「溫朗」等。如《明曇憙墓誌》「性盡沖清」、《劉岱墓誌》「基性自然」、《王纂韶墓誌》「率下沖素」。

此外，還通過比喻、誇張、借代等文學化的表達方式，來品評人物。例如：《張鎮墓誌》「朝野宗重」，《永陽敬太妃王氏墓誌》「至於四教六訓之閒，工言貞婉顯於言歸」、「親縫幕之用，躬服澣之勤」、「斷織之訓既明，闈門之禮斯舍。劬勞必盡，曾不移志。用能緝睦於中外，亦以弘濟乎艱難。雖魯姜之勤節，曹妃之敬讓，方之蔑如也。」

第二節　稱謂詞語

一、墓主

1. 君[7]、府君[13]、公[3]

君，對墓主的尊稱，《說文·口部》云：「君，尊也。」

府君，漢代對郡相、太守的尊稱，後世沿用，傳世文獻多見。而墓誌所見基本是對男性有官職者的尊稱。

「府君」通常出現於墓誌題首，「君」則往往出現在墓誌行文中，如《劉岱墓誌》「齊故監餘杭縣劉府君墓誌銘。……君韶年岐嶷，弱歲明通」，《明曇憙墓誌》「宋故員外散騎侍郎明府君墓誌銘。……君諱曇憙」。

也有行文稱「府君」者，如《蕭敷墓誌》「故侍中司空永陽昭王墓誌

銘。……公諱敷，……賊若能來，必爲府君死戰。」其中，「公」也是對墓主的尊稱，見於《謝濤墓誌》、《蕭敷墓誌》、《黃法氍墓誌》。

當然，「府君」一詞不僅僅限於對墓主的尊稱，也見於女性墓誌中對墓主之父或墓主之夫的稱呼。如《張氏墓誌》「宋故臨渭縣侯、湘東太守張府君諱濟，……第三女推兒」，《王寶玉墓誌》「齊故冠軍將軍、東陽太守蕭府君側室夫人王氏墓誌銘」。

2. 男子[2]、處士，處士君

男子，墓誌以之稱無官爵之成年男子，如《王康之墓誌》「晉故男子琅耶臨沂王康之」。

處士，本指有德才而隱居不仕之人。《荀子・非十二子》云：「古之所謂處士者，德盛者也。」後亦指居家不仕之人。《漢書》卷十三《異姓諸侯王表第一》云：「以爲起於處士橫議，諸侯力爭。」顏師古注云：「處士謂不官於朝而居家者也。」〔註44〕《資治通鑑》卷六十九《魏紀一》「文帝黃初二年（221）」云：「廣漢處士秦宓。」胡注云：「不應州郡辟命，故曰處士。」〔註45〕《何法登墓誌》「晉故處士、琅耶臨沂士康之妻廬江潛何氏」，此「處士」與「男子」同義。

3. 夫人[3]

墓誌尊稱女性墓主爲「夫人」，如《夏金虎墓誌》「琅耶臨沂王彬繼室夫人夏金虎……夫人命之」，《王寶玉墓誌》「齊故冠軍將軍、東陽太守蕭府君側室夫人王氏墓誌銘。夫人姓王……夫人溫朗明淑」。

二、親屬

1. 祖[10]、祖父、亡祖父[2]、祖母[2]、外祖[3]、從祖、高祖、曾祖

墓誌通常以單音詞「祖」稱墓主之祖父，如《溫嶠墓誌》「祖濟南太守恭」；也稱墓主妻子的祖父，如《謝球墓誌》「球妻琅耶王德光，祖羲之」；甚至其他聯姻人物之祖父，如《劉襲墓誌》，包括墓主及所有聯姻女性之祖父，不計輩份排行，皆隨誌文中前述人物而續稱「祖×××」。

也見以「祖父」逕稱墓主祖父，而以「祖」稱墓主妻子之祖父，以「外祖」、「從祖」分別親疏者，如《謝琉墓誌》；以「高祖」、「曾祖」區分輩份，

〔註44〕第 346 頁。
〔註45〕第 2189 頁。

如《劉襲墓誌》。此外，也有稱「亡祖父」，如《宋乞墓誌》「亡祖父儉」、《王纂韶墓誌》「息男象，……妃張氏寶和……亡祖父安之」，前者指墓主之祖父，而後者卻指兒媳之祖父。

墓誌逕稱「祖母」者，僅《謝溫墓誌》、《謝琉墓誌》2例，其他均統稱「夫人」，詳見下文。

2. 父[13]、亡父[2]、考、先考、母[3]、所生母[2]

墓誌通常以單音詞「父」稱墓主之父，然也指稱所有聯姻女性之父，不計輩份排行，包括祖母、母、嫂、妻、侄媳之父皆隨誌文中前述女性而續稱「父×××」，如《溫式之墓誌》，也有稱「亡父」，如《宋乞墓誌》「亡父遠」、《王纂韶墓誌》「息男象，……妃張氏寶和……亡父弘策」，前者指墓主之父，而後者指兒媳之父。此外，尚見以「考」、「先考」指稱先逝之父親，如《溫式之墓誌》「考〔使持節、侍〕中、大將軍、始安郡〔忠〕武〔公〕，諱嶠」、《王興之夫婦墓誌》「先考散騎常侍、尚書左僕射、特進、衛將軍、都亭肅侯墓之左」。

墓誌逕稱「母」者，僅《謝溫墓誌》、《謝琉墓誌》、《黃天墓誌》3例，其他均統稱「夫人」，詳見下文。也見以「所生母」強調墓主生母，而與父親的其他妻妾相區別者，如《王仚之墓誌》「所生母夏氏」、《劉襲墓誌》「所生母湯氏」。

3. 叔[3]、伯[5]、姑[2]

墓誌於墓主之叔、伯、姑等父輩人物，通常逕稱。如遇人物較多者，則以長、次，或第二、第三，以別排行。偶見例外，如《王建之墓誌》「丹楊令君墓之東」，以「丹楊令君」指其「叔父王仚之」。

4. 息[8]、息男[3]、男[3]、庶男[1]、女[14]、息女[4]、婦[2]

墓誌通常以「息」、「男」稱兒子，或合稱「息男」。遇子息較多者，又常以長、次、少、小，第一、第二……，來加以區分。其中，長子又稱元子，如《王閭之墓誌》「贛令興之之元子」。

「庶男」，本指庶出之子。《史記》卷五十二《齊悼惠王世家》：「齊悼惠王劉肥者，高祖長庶男也。」〔註46〕《劉岱墓誌》「夫人樂安博昌任女暉，春秋五十有三……一女，二庶男」，據誌文所載，劉岱僅妻任氏，故此「庶男」亦僅指稱兒子義，當無庶出義。

〔註46〕第1999頁。

對於女兒，墓誌常以「女」、「息女」稱之，遇人物較多時，則以長、次、第三，大、中、小等排次加以區別。

對於墓主兒媳，墓誌有隨誌文所載兒子情況之後續稱「婦」者，如《夏金虎墓誌》「夫人男企之，衛軍參軍，婦彭城曹季姜」、《劉岱墓誌》「長男希文，婦東海王茂瑛」。常見者統稱「夫人」。

5. 兄[6]、元昆、弟[7]、亡弟、姊[4]、妹[2]：

對於墓主同輩，墓誌常以「兄」、「弟」、「姊」、「妹」逕稱，遇人物較多者，則以長、次、小，第一、第二……等排次加以區分。也見以「元昆」稱長兄；以「亡弟」稱先逝之弟、以「母弟」強調同母所生之弟。

6. 妻[11]、故妻、夫人[18]、繼室夫人、側室夫人、前夫人、後夫人[3]、故夫人、命婦、婦

墓誌常以「妻」、「夫人」指稱墓主之妻；也稱「婦」或「命婦」；或稱「故妻」、「故夫人」以表先逝之妻；或以「繼室夫人」、「側室夫人」、「前夫人」、「後夫人」來區分正庶、續娶。

然而在具體行文過程中，「妻」、「夫人」的使用情況比較複雜。例如：《謝琰墓誌》在稱墓主叔伯及自身之妻時，均稱「夫人」，而在提及墓主兒媳時，在兒子之後續稱「妻」；《宋乞墓誌》則既以「妻」稱墓主之妻，「妻丁，丹楊建康丁騰女」，也隨誌文前述兒子名後以「妻」續稱兒媳，「息伯宗，……息馹，……伯宗妻，丹楊王氏。馹妻，丹楊陳氏。」

「夫人」除表墓主之妻外，使用範圍更廣，如《溫式之墓誌》、《謝球墓誌》，均將所有聯姻女性，不計輩份排行，包括祖母、母、嫂皆隨誌文中前述男性而稱「夫人×××」；僅其妻前加墓主名「式之」、「球」以示區別；或如《謝琰墓誌》，稱祖母、母以外之聯姻女性為「夫人」，僅其妻前加墓主名「琰」以示區別。

三、諡號與爵位

東晉南朝墓誌中的諡號與爵位詞語比較豐富，所見有 65 例（不計同一方墓誌中重複出現者），其構成方式大致可分以下四種。

1. 「封地＋諡號＋爵位」，11 例，其中既有單諡者 9 例，如《張鎮墓誌》「興道縣德侯」、《謝濤墓誌》「藍田獻侯」；亦有復諡者 2 例，《溫嶠墓誌》「始安終武公」、《溫式之墓誌》「始安郡終武公」。

2.「封地＋爵位」，30 例，如《王興之夫婦墓誌》「野王公」、《高崧墓誌》「建昌伯」；「封地＋開國＋爵位」，10 例，如《程虔墓誌》「益昌縣開國男」、《黃法氍墓誌》「新建縣開國公」。

3.「諡號＋爵位」，12 例。其中單諡 8 例，如《何法登墓誌》「穆公」、《夏金虎墓誌》「肅侯」；復諡 4 例，如《謝琰墓誌》「文靖公」、《劉襲墓誌》「忠簡公」。

4.「諡號」，2 例，《謝琰墓誌》「獻武」、《劉襲墓誌》「景定」，皆復諡。

以上諡號用詞有「德」、「獻」、「景」、「恭」、「孝」、「愍」、「昭」、「敬」、「穆」、「肅」、「忠」、「簡」、「忠武」、「忠簡」、「簡穆」、「宣武」、「獻武」、「景定」，皆嘉諡，且得諡者均享爵位，符合「有爵則有諡」的古制。

第三節　用典及其他詞語

一、用典

用典，是使用成語與典故的統稱。王力曾指出：「成語和典故是語言的重要材料，差不多每種語言都有它的成語和典故。漢語的歷史較長，所以他的成語和典故也較多」，「所謂成語，是歷史上鞏固下來的固定詞組，它們不是倣古詞語，但是它們是『於古有徵』的」，「典故是把一段古代傳說或歷史故事壓縮成一個句子或詞組」。〔註47〕南朝墓誌文中的用典現象較多，而目前所見東晉墓誌則無。本節即對南朝墓誌文中的用典詞語試作系統整理如下〔註48〕。

1. 野獸朝浮

《後漢書》卷七十九上《儒林列傳上・劉昆》云：「先是崤、黽驛道多虎災，行旅不通。昆為政三年，仁化大行，虎皆負子渡河。」〔註49〕《劉懷民墓誌》「野獸朝浮，家犬夕寧」，卻運用該典故讚頌劉氏的德政。同一典故，隋唐墓誌中多見以「去獸」、「去虎」、「浮虎」、「渡獸」、「渡虎」稱頌官員的

〔註47〕王力：《漢語史稿》，第 588、590 頁。

〔註48〕關於南朝墓誌典故詞語的釋讀，趙超《古代墓誌通論》第六章「墓誌的文體與釋讀」、費伶仔《南朝女性墓誌的考釋與比較研究》均有部分涉及，可參。

〔註49〕（南朝・宋）范曄撰，（唐）李賢等注：《後漢書》，中華書局，1965 年，第 2550 頁。

仁政〔註50〕。

2. 淮棠、澠鵠

《劉懷民墓誌》云：「淮棠不剪，澠鵠改聲。」棠，即甘棠，《詩‧召南‧甘棠》云：「蔽芾甘棠，勿剪勿伐，召伯所茇。」毛傳云：「《甘棠》，美召伯也。召伯之教，明於南國。」鄭玄箋云：「此美其為伯之功」，「召伯聽男女之訟，不重煩百姓，止舍小棠之下而聽斷焉，國人被其德，說其化，思其人，敬其樹。」〔註51〕劉懷民曾歷官盱眙太守，治今江蘇盱眙縣東北，地近淮水南岸，故以「淮棠」讚其在淮河一帶、盱眙任內的德政。《蕭融墓誌》「甘棠何愒」、《蕭敷墓誌》「覽周南而雪涕」，均使用了該典故。

澠，澠水；鵠，《周禮‧秋官‧硩蔟氏》云：「硩蔟氏掌覆妖鳥之巢。」鄭玄注云：「夭鳥，惡鳴之鳥，若鵠鵙」〔註52〕以鵠之鳴叫聲為惡聲。誌文「澠鵠改聲」亦讚劉氏之德政。

3. 鄭琴，吳涕

鄭琴，《列子‧湯問》載鄭國樂師師文琴藝高超，鼓琴而能召風雨相和，故後世以「鄭琴」借指超群的技藝；吳涕，指春秋時吳公子季札為徐君掛劍垂淚的故事，見《史記》卷三一《吳太伯世家》。《劉懷民墓誌》「鄭琴再寢，吳涕重零」，借「鄭琴」、「吳涕」故事，以表對劉氏之逝的婉惜與哀悼。

4. 志鈞楊馮

《明曇憙墓誌》云：「位頒郎戟，志鈞楊馮」，馮，即馮唐，見《史記》卷一白二《馮唐列傳》。墓誌以馮唐故事，喻指明氏英年早逝、壯志未酬。

5. 結纓

《明曇憙墓誌》云：「慨深結纓（纓），痛嗟朝野。」結纓，墓誌引子路死故事，喻慷慨捐軀，《左傳‧哀公十五年》「子路曰：『君子死，冠不免。』結纓而死。」〔註53〕

6. 岐嶷

《劉岱墓誌》「君齠年岐嶷」，「齠年」，兒童換牙之年，代指幼年；「岐嶷」，語出《詩‧大雅‧生民》「誕實匍匐，克岐克嶷」，毛傳云：「岐，知意

〔註50〕 羅維明：《中古墓誌詞語研究》，（廣州）暨南大學出版社，2003 年，第 132～133 頁。

〔註51〕 《十三經注疏》，第 287 頁。

〔註52〕 《十三經注疏》，第 889 頁。

〔註53〕 楊伯峻：《春秋左傳注》，中華書局，1990 年，第 1696 頁。

也；嶷，識也。」〔註54〕喻指聰慧。

7. 乍韋乍杜

韋氏、杜氏，均為漢代著姓。西漢韋賢、韋玄成等相繼為相；東漢杜林、杜密等人亦名聞天下。《劉岱墓誌》「乍韋乍杜」借喻劉氏出身門第高貴。

8. 鄒滕，魯衛

鄒、滕、魯、衛，均為先秦國名，大致分佈於今山東省東南部、南部，部分與今河南省、江蘇省錯壤。南朝齊梁帝室蕭氏，祖籍蘭陵郡蘭陵縣，治今山東蒼山縣西南蘭陵鎮〔註55〕，故《蕭融墓誌》「祚啟鄒滕，感興魯衛」、「聖武定鼎，地居魯衛」，以「鄒、滕、魯、衛」喻蕭氏龍興之原籍。

9. 戡黎在運

戡黎，即「戡黎」，語出《尚書‧商書‧西伯戡黎》。商末周文王戡黎（戰勝黎國）而王兆漸著，「殷始咎周」（殷之大臣始畏惡周），其表現是殷臣祖伊將文王「戡黎」事告之於商紂王，並言文王亦必要滅商〔註56〕。《蕭融墓誌》以「戡黎在運，業茂姬昌」，頌讚梁武帝蕭衍之功業。

10. 臨河永逝

《蕭融墓誌》「臨河永逝，如何不弔」，「臨河永逝」，當用孔子感慨「逝者如斯夫，不捨晝夜」之典〔註57〕，喻指時光流逝、人壽不永。

11. 桐珪

《蕭融墓誌》「桐珪誰戲，甘棠何憩」，桐珪，也作桐圭，語出《呂氏春秋》卷十八《審應覽‧重言》、《史記》卷三十九《晉世家》，指周成王戲封唐虞之事。墓誌引「桐珪」、「甘棠」之典以讚蕭衍、蕭融兄弟情深。

12. 周儲命氏

《王纂韶墓誌》云：「周儲命氏，世載厥德。」周儲命氏，指王氏祖先世系出自周代太子晉王子喬。《文選》卷二十九《雜詩上‧古詩一十九首》之十五云：「仙人王子喬，難可與等期」，李善注云：「《列仙傳》曰：『王子喬者，太子晉也。』」〔註58〕

〔註54〕 《十三經注疏》，第530頁。
〔註55〕 胡阿祥：《宋書州郡志彙釋》，安徽教育出版社，2006年，第45頁。
〔註56〕 《十三經注疏》，第176～177頁。
〔註57〕 《論語‧子罕》。
〔註58〕 （梁）蕭統編，（唐）李善注：《文選》，上海古籍出版社，1986年，第1349頁。

13. 岐陽

岐陽，岐山之陽，《國語》卷十四《晉語八》云：「昔成王盟諸侯於岐陽。」〔註59〕《王纂韶墓誌》「岐陽之功載遠，隆姬之祚在焉」，稱頌王氏族出周王室姬姓，族運久遠，功業綿長。

14. 宵燭

《王纂韶墓誌》云：「既霄燭有行，降禮中饋，親理澂漠，躬事組紃。」「宵燭」，帝舜二女名合稱，《山海經》卷十二《海內北經》云：「舜妻癸比氏，生宵明、燭光，處河大澤，二女之靈能照此所方百里。」〔註60〕墓誌以王纂韶比之「宵明」、「燭光」，讚其德行可嘉。

15. 恭姜、杞室

《王纂韶墓誌》云：「操深恭姜，慟均杞室。」恭姜，當指周太王之妃姜氏。《詩·大雅·綿》云：「爰及姜女，聿來胥宇。」毛傳云：「姜女，太姜也。」又《詩·大雅·思齊》云：「思媚周姜，京室之婦。」〔註61〕杞室，指春秋時齊大夫杞梁妻，語出《左傳·襄公二十三年》、《孟子·告子下》等，齊莊公四年（前550）杞梁戰死，其妻枕屍而哭，哀動行人。墓誌以王纂韶比太姜，讚其操守之深；比杞梁妻，以形容王纂韶在其夫蕭融罹難之際的哀痛。

16. 斷機貽訓、斷織之訓

《王纂韶墓誌》云：「雖斷機貽訓，平反有悅，無以加焉。」《永陽敬太妃王氏墓誌》云：「斷織之訓既明，閫門之禮斯洽。」「斷機貽訓」、「斷織之訓」，語出《韓詩外傳》卷九、《古烈女傳·母儀》等，指孟子年少時荒廢學業，孟母用刀截斷正在織機上織的經線，以誡孟子。

17. 平反有悅

平反有悅，指漢代雋不疑母事，《漢書》卷七一《雋不疑傳》云：「每行縣錄囚徒還，其母輒問不疑：『有所平反？活幾何人？』即不疑多有所平反，母喜笑，爲飲食言語異於他時。」〔註62〕《王纂韶墓誌》「雖斷機貽訓，平反有悅，無以加焉」，以孟母、雋不疑母等前代賢母事讚頌王氏之賢德。

〔註59〕上海古籍出版社，1978年，第466頁。
〔註60〕方韜譯注：《山海經譯注》，中華書局，2009年，第220頁。
〔註61〕《十三經注疏》，第510、516頁。
〔註62〕第3036～3037頁。

18. 屯夷

《王纂韶墓誌》「運屬屯夷，義冠終始」，屯夷，艱難與平易義。《易‧屯》云：「屯，元亨，利貞。」孔穎達疏云：「正義曰：『屯，難也。』」《詩‧周頌‧天作》云：「岐有夷之行。」毛傳云：「夷，易也。」〔註63〕

19. 下車

《蕭敷墓誌》「下車贍恤，威德大著」，下車，《禮記‧樂記》云：「武王克殷，反商，未及下車，而封黃帝之後於薊。」〔註64〕喻指官吏剛到任所。

20. 孔懷

孔懷，兄弟之義，也指因兄弟之情而深相思念。《詩‧小雅‧常棣》：「死喪之威，兄弟孔懷。」毛傳云：「威，畏；懷，思也。」鄭玄箋云：「死喪可畏怖之事。維兄弟之親，甚相思念。」〔註65〕《三國志》卷二十九《魏書‧方技‧管輅傳》云：「明年二月卒，年四十八。」裴松之注引《管輅別傳》管辰（管輅之弟）語云：「辰不以闇淺，得因孔懷之親，數與輅有所諮論。」〔註66〕《蕭敷墓誌》「皇情深孔懷之悲」、「詠常棣而興哀」，皆引是典以表達梁武帝蕭衍對其兄蕭敷的思念與哀悼之情。

21. 人百

《蕭敷墓誌》「縉紳仰人百之慟」，人百，《詩‧秦風‧黃鳥》云：「如可贖兮，人百其身。」鄭玄箋云：「如此奄息之死，可以他人贖之者，人皆百其身，謂一身百死猶為之惜，善人之甚。」〔註67〕大意謂別人願意死一百次來換取死者的復生，以表示對死者極其沉痛的悼念。

22. 周行

《蕭敷墓誌》「且文且會，煥彼周行」，周行，有二種意思，其一謂謂周官的行列，後用以泛指朝官，《詩‧小雅‧大東》云：「佻佻公子，行彼周行。」鄭玄箋云：「周行，周之列位也。」〔註68〕又《詩‧周南‧卷耳》云：「嗟我懷人，寘彼周行。」毛傳云：「行，列也。思君子，官賢人，置周之列

〔註63〕 《十三經注疏》，第 19、586 頁。
〔註64〕 《十三經注疏》，第 1542 頁。
〔註65〕 《十三經注疏》，第 408 頁。
〔註66〕 第 826、827 頁。
〔註67〕 第 373 頁。
〔註68〕 《十三經注疏》，第 460 頁。

位。」鄭玄箋云：「周之列位，謂朝廷臣也。」〔註69〕其二，謂大道、大路
義，《詩·小雅·鹿鳴》云：「人之好我，示我周行。」毛傳云：「周，至；
行，道也。」〔註70〕

23. 劬勞

《永陽敬太妃王氏墓誌》「劬勞必盡」，劬勞，勞苦、苦累義，特指撫育
兒女之辛勞。《詩經·小雅·蓼莪》云：「哀哀父母，生我劬勞。」

24. 魯姜、曹妃

《永陽敬太妃墓誌》云：「雖魯姜之勤節，曹妃之敬讓，方之蔑如也。」
魯姜教子督學，事見《古烈女傳·母儀》；魯姜勸其夫禮敬落難之際的晉文公
重耳，事見《古烈女傳·仁智》。

25. 參差採芼

參差採芼，《詩·周南·關雎》云：「參差荇菜，左右採之。窈窕淑女，
琴瑟友之。參差荇菜，左右芼之，窈窕淑女，鐘鼓樂之。」〔註71〕《永陽
敬太妃王氏墓誌》「參差採芼，揜映言工」，引用典故盛讚王氏德、言、容、
工。

26. 彤管、休風

彤管，指杆身漆朱的筆，為古代女史記事所用。《詩·邶風·靜女》云：
「靜女其孌，貽我彤管。」毛傳云：「古者後夫人必有女史彤管之法，史不記
過，其罪殺之。」鄭玄箋云：「彤管，筆赤管也。」〔註72〕休風，美好的風
格、風氣。《三國》卷四十七《吳書·吳主傳第二》裴注引《江表傳》載孫權
詔書云：「君宣導休風，懷保邊遠。」〔註73〕《永陽敬太妃王氏墓誌》「鑒昭
彤管，識懋休風」，引此二典以讚王氏之識鑒、風格超卓。

27. 風木之悲

風木，同「風樹」，《韓詩外傳》卷九載皋魚語云：「夫樹欲靜而風不止，
子欲養而親不待。」〔註74〕《衛和墓誌》「君少孤耽學，有膂力，抱風木之

〔註69〕《十三經注疏》，第277頁。
〔註70〕《十三經注疏》，第405頁。
〔註71〕《十三經注疏》，第274頁。
〔註72〕《十三經注疏》，第310頁。
〔註73〕第1139頁。
〔註74〕（漢）韓嬰撰，許維遹校釋：《韓詩外傳集釋》，中華書局，1980年，第309
　　　　頁。

悲」，「風木之悲」喻指因父母亡故而孝子不能奉養的悲傷。

28. 馬革

《衛和墓誌》「懷馬革之志」，馬革，即「馬革裹屍」，表「戰死疆場」之義，語出《後漢書》卷二十四《馬援列傳》：「男兒要當死於邊野，以馬革裹屍還葬耳，何能臥床上在兒女子手中邪？」〔註75〕

二、其他詞語

1. 養、出養、出繼、繼世、出後

養，《說文·食部》云：「養，供養也。」有撫育、撫養義。《何法登墓誌》「養兄臨之息績之」，即指王康之、何法登夫婦因無子，而收養康之兄臨之之子績之為嗣。類此表達收養近親之子為嗣的詞語，墓誌尚見「繼世」，如《王纂韶墓誌》「簡王無嗣，以宣武王第九子象繼世，承封為桂陽王。」

與收養他人之子為己子相對的詞語，墓誌所見有「出養」，《王興之夫婦墓誌》「次子嗣之，出養第二伯」；「出繼」，《謝琰墓誌》「次叔諱康，字超度，出繼從叔衛將軍尚，襲封咸亭侯」；「出後」，《劉襲墓誌》「第一男晃，長暉，出後兄紹……第四男量，淵邃，出後弟寔」。

2. 弱冠[2]

弱冠，《禮記·曲禮上》云：「二十曰弱，冠。」〔註76〕弱，年少；冠，冠禮。古代男子二十歲行冠禮，表示以成年，然體未壯，故稱弱冠，後泛指男子二十歲左右的年紀。

3. 齔年、弱歲、弱年[2]

《劉岱墓誌》「君齔年岐嶷，弱歲明通」，齔年，兒童換牙之年，大約七八歲樣子，《韓詩外傳》卷一云：「故男八月生齒，八歲而齔齒。女七月生齒，七歲而齔齒。」〔註77〕弱歲，指男子弱冠之年，女子及笄之年，也泛指幼年、青少年。弱年，義同弱歲。

4. 表「年壽」義

墓誌所見常以「年」[12]、「春秋」[17]，表達「年壽」義，如《張鎮墓誌》「侯年八十薨」、《王康之墓誌》「年廿二卒」；然也有於墓主卒歲稱「春秋」，而於

〔註75〕 第 841 頁。
〔註76〕 《十三經注疏》，第 1232 頁。
〔註77〕 （漢）韓嬰撰，許維遹校釋：《韓詩外傳集釋》，第 19 頁。

他人年歲稱「年」者，如《劉媚子墓誌》、《王寶玉墓誌》。

偶見以他詞代指「年壽」，如《程虔墓誌》「陰時」，《衛和墓誌》「壽考」，《永陽敬太妃王氏墓誌》「鴻慶」。

5. 窮靈

《劉懷民墓誌》云：「曾是天從，凝睿窮靈。」窮靈，窮極神明義，又作「穹靈」。〔註78〕

6. 剖金

剖金，指帝王給受封者分授金印，泛指帝王封賞官爵，見《劉懷民墓誌》「眩紫皇極，剖金連城」。〔註79〕

7. 清徽、芳徽

《劉襲墓誌》「仰清徽而攬淚」，《王寶玉墓誌》「秘迹徒留，芳徽空樹」、《王纂韶墓誌》「式儀蕃序，允樹芳徽」，清徽、芳徽均指高尚的節操。

8. 淬、白衣

《劉岱墓誌》云：「山陰令淬太守事，左遷，尚書箚白衣監餘杭縣。」淬，趙超疑為「訊」誤字，並云：「以訊、誶相通，古文中多有詞例。」〔註80〕毛遠明認為，淬，義為冒犯、觸犯〔註81〕。筆者以後者為是。白衣，義同布衣、處士，指未正式出仕的士人。

9. 軌烈

《王寶玉墓誌》「追昭軌烈，式讚泉房」，軌烈，指（高尚而美好的）行事與品格。

10. 釐居

《永陽敬太妃王氏墓誌》「及星世釐居，遺孤載藐」，釐居，即「嫠居」，「釐」「嫠」因音近假借而用，表寡居義〔註82〕。

〔註78〕 可參毛遠明：《讀漢魏六朝石刻札記》，《成都師專學報》2002 年第 3 期。
〔註79〕 可參毛遠明：《讀漢魏六朝石刻札記》，《成都師專學報》2002 年第 3 期。
〔註80〕 趙超：《古代墓誌通論》，第 225 頁，注 11。
〔註81〕 毛遠明：《讀漢魏六朝石刻札記》，《成都師專學報》2002 年第 3 期。
〔註82〕 可參王盛婷：《六朝碑刻辭語札記》，《中國典籍與文化》2006 年第 3 期。

第七章　東晉南朝墓誌的文體與文學

　　中國古代墓誌，歷經漢魏兩晉的發展，至南北朝時期已經逐步走向定型與成熟。關於東晉南朝墓誌文體，自元代潘昂霄《金石例》以降，不少金石義例著作都有不程度涉及，如明王行《墓銘舉例》、清黃宗羲《金石要例》、梁玉繩《誌銘廣例》、李富孫《漢魏南北朝墓銘纂例》、吳鎬《漢魏六朝誌墓金石例》、《唐人誌墓金石例》等。然此類金石著作的研究特點，基本上都是對墓誌寫法典型例證的總結及墓誌文體的概括，以供後人模仿與研究；內容上偏重於古文撰寫時的章法與語句字詞的分析，對於墓誌銘本身的文體變化規律概括、揭示得不夠清晰。

　　近代以來，諸家論及東晉南朝墓誌文體，或著眼於墓誌文體的起源，綜而論之，以魏晉禁碑而致東晉以後墓誌興起，墓誌文體只不過是碑文的衍生〔註1〕，「從文字內容上看，碑文和墓誌銘無太大區別，只是前者立在墓旁，後者埋於地下罷了」〔註2〕；或側重於傳世文獻的爬梳整理，通過整理六朝史籍與《藝文類聚》等類書所著錄的南朝墓誌，從墓誌稱名與錄文內容上論述南朝墓誌文體的形式及特點〔註3〕；或節取典型墓誌，分別考述其詞語特點與

〔註1〕 劉師培云：「自裴松之奏禁私立墓碑，而後有墓誌一體。觀漢魏刻石之出土者並無墓誌，亦足證此體之始於六朝也。」（《劉師培中古文學論集》，中國社會科學出版社，1997年，第179頁）黃金明《漢魏晉南北朝誄碑文研究》引爲的論，並有所闡發，「可以說墓誌是墓中銘刻文字與碑文結合的產物，並由碑文而衍生」（人民文學出版社，2005年，第285頁）。

〔註2〕 李士彪：《魏晉南北朝文體學》，上海古籍出版社，2004年，第97頁。

〔註3〕 可參前揭程章燦：《讀任昉〈劉先生夫人墓誌〉並論南朝墓誌文體格——讀〈文選〉札記》、《關於墓誌文體的三個問題》、《墓誌文體起源新論——兼對諸種舊說的辯證》、《墓誌文體起源新論》。程氏四文主要是從銘文體的演變來

行文格式，以作爲某一時期墓誌文體的釋例〔註4〕。

學界對墓誌文體尤其是南朝墓誌文體的先行研究，雖然取得了值得肯定的成就，然於東晉南朝墓誌文體演進的具體過程，以及它所呈現出的時代特徵與社會文化內涵，仍無從窺見。鑒此，筆者擬結合東晉南朝出土墓誌及傳世文獻節錄墓誌資料，詳細分析東晉南朝墓誌文體的遷變歷程，考察其中所蘊含的文化意味；並在整個南朝文學與文化的雙重背景下，對南朝墓誌文體的文學化進程作一系統考察。

第一節　東晉南朝墓誌文體的演進

一、「墓誌文體」界說

如前所述，墓誌，是置於「壙」（墓室）內刻有墓主傳記的石刻（或磚刻），通常記有墓主的姓名、籍貫和生平。明吳訥《文章辨體序說・墓誌》云：「墓誌，則直述世系、歲月、名字、爵里，用防陵谷遷改。」〔註5〕說明了墓誌的內容與行文格式，即以記載墓主身份、生平等相關爲主體。然從體式上看，成熟期的墓誌通常包括誌和銘兩部分，「其序則『傳』，其文則『銘』。」〔註6〕所謂「序」即誌文，多用散文記墓主姓氏、籍貫、生平等；所謂「文」即銘文，則多用韻文概括全篇，是對死者的讚揚、悼念或安慰之詞。

就文章體式而言，墓誌有其自身獨特性，表現出與其他近類文體，如碑、銘、誄、讚、行狀、傳等，有不同程度的差異性。如碑文，清梁玉繩《誌銘廣例》云：「碑、表非誌銘，而例有從同」〔註7〕，即認爲墓誌文體的產生雖

闡述南朝墓誌文體的特點：墓誌文體起源於傳統銘文，由銘文演化而來；銘文位置不定，序銘分別不明，敘事詳略不均。條分縷析，論說細密，對南朝墓誌文體的研究頗具開創之功。然於東晉墓誌文體並無涉及，且就南朝墓誌文體言，程文也僅選擇傳世文獻著錄的典型墓誌作分析，並沒有將目前所見出土南朝墓誌逐個分析、總體論述，整個南朝墓誌文體的全貌仍難以窺見。

〔註4〕可參趙超：《中國古代墓誌通論》第六章第二節「歷代墓誌銘文體與釋讀舉例」對4方東晉南朝墓誌的分析（第223～227頁）。

〔註5〕（明）吳訥著，于北山點校：《文章辨體序說》，郭紹虞主編《中國古典文學理論批評專著選輯》，人民文學出版社，1962年，第53頁。

〔註6〕（梁）劉勰著，周振甫譯注：《文心雕龍今譯》「誄碑第十二」，第113頁。

〔註7〕（清）梁玉繩：《誌銘廣例》，王雲五主編《叢書集成初編》，上海商務印書館，

然是受了碑、表文的文體影響，然終究有根本性的區別。通常說來，碑文的「序」多韻散結合趨於駢儷，「銘」為四言韻文；而墓誌的「序（誌）」往往以散為主，「銘」以四言為主，又雜有五言、六言、七言。在風格上，碑文於序中更見辭采，墓誌於銘中更顯文麗，故古代文章選集如《藝文類聚》碑文主要選其序，墓誌則多選其銘。

　　從文章功能來說，墓誌是為了「記親銘德」，並注重記事，「誌者，記也」，「蓋於葬時述其人世系、名字、爵里、行治、壽年、卒葬年月，與其子孫之大略，勒石加蓋，埋於壙前三尺之地，以為異時陵谷變遷之防，而謂之誌銘」[註8] 由此，墓誌無疑是一種實用文體。

　　以上主要著眼於成熟期的墓誌總體而言，表明墓誌這種銘刻器物及其文體的獨特性。然而，在中國古代墓誌發展史上，東晉南朝墓誌處於從產生到定型的關鍵階段，無論是文章體式、功能，還是撰著風格上都較此前漢魏西晉、此後的隋唐墓誌呈現出極大的差異性；同時，在東晉、南朝這兩個不同歷史時段內，墓誌文體本身一方面有著各自的鮮明特徵，相互間存在一定差異，另一方面也具有一定的內在聯繫，二者之間有著動態的發展關聯。因此，若將東晉墓誌與南朝墓誌截然兩分，僅以靜態的觀照來描述墓誌文體的特徵，而無視其動態性發展過程，則難免會因缺乏整體的考察與系統的分析，而導致最終的結論流於空泛、突兀。筆者以為只有將東晉、南朝這兩個承接有序的歷史時段作為一個整體，對這一歷史時期內出現的墓誌文體進行分類與分期研究，用聯繫與發展的眼光去看待不同歷史時段的墓誌文體所呈現出的不同特點，才能揭櫫其發展過程及演變規律。

二、出土墓誌資料的分析

　　前述 73 方東晉、南朝出土墓誌中，有 15 方因誌文內容不詳或有大面積缺佚，而無法進行類別劃分（東晉 36、37、38 號墓誌，南朝 4、6、15、16、21、23、25、26、28、29、30、33 號墓誌 [註9]），其餘 58 方按文體特徵的不同，基本上可以劃分為 A、B、C 三類：

　　A 類：內容比較簡略，僅記墓主籍貫、職官、姓名、卒年（歲）、葬時。

　　　　1936 年，第 1 頁。
〔註 8〕　（明）徐師曾著，羅根澤校點：《文體明辨序說》，郭紹虞主編《中國古典文學理論批評專著選輯》，人民文學出版社，1962 年，第 148 頁。
〔註 9〕　墓誌編號參照表 2、表 3。

包括東晉 4、6、7、9、10、12、13、18、19、25、26、27、30、35、39、40
號墓誌，南朝 2、11、12 號墓誌，共 19 方。此類墓誌字數不多，一般在 40
字以內，少者僅八九字。例如，東晉永和元年（345）顏謙婦劉氏墓誌：

> 琅耶顏謙婦劉氏，年卅四，以晉永和元年七月廿日亡，九月
葬。

A 類墓誌主要見於東晉時期，南朝劉宋初期也有零星發現。由於其內容比較簡
略，與當時流行南方地域的部分誌墓磚銘，如浙江杭州出土「晉興寧二年吳
郡嘉興縣故丞相參軍都鄉侯褚府君墓」〔註 10〕、江西清江出土「寧康二年九
月五日桂氏墓」〔註 11〕、湖南長沙出土「晉寧康三年劉氏女墓」〔註 12〕等，
幾乎沒有什麼差別。〔註 13〕從墓主的性別與身份來看，此 19 方墓誌中女性 11
方，近五分之三，基本上是職位不高的世家子弟或中下級官員的配偶，故誌
文多以丈夫的籍貫、職官、姓名開頭，再續記其本人的籍貫、姓氏；而 8 方
男性墓誌的墓主中，除高崧（鎮西長史、騎都尉、建昌伯）、晉恭帝司馬德文
〔註 14〕兩人身份等級較高外，其餘如劉庚之（司吾令）、孟府君（始興相、散
騎常侍）等官職地位均較低。可見，A 類墓誌主要用於中下級官員及其配偶。
這與內容同樣簡短的誌墓磚銘的使用階層大體相近〔註 15〕。

　　B 類：內容較 A 類有所豐富，增加了對先祖、子女、兄弟、婚媾、葬地
等情況的記載。包括東晉 1、2、3、5、8、11、14、15、16、17、20、21、22、
23、24、28、29、31、33、34 號墓誌，南朝 1、3、5 號墓誌，共 23 方。此類
墓誌字數較之 A 類有所增多，通常在 300 字以內，僅個別墓誌如謝琰磚誌長

〔註 10〕　浙江省文物管理委員會：《杭州晉興寧二年墓發掘簡報》，《考古》1961 年第 7
　　　　　期。

〔註 11〕　江西省文物管理委員會：《江西清江洋湖晉墓和南朝墓》，《考古》1965 年第 4
　　　　　期。

〔註 12〕　湖南省文物管理委員會：《長沙南郊爛泥沖晉墓清理簡報》，《文物參考資料》
　　　　　1955 年第 11 期；湖南省博物館：《長沙兩晉南朝隋墓發掘報告》，《考古學報》
　　　　　1959 年第 3 期。

〔註 13〕　關於磚質墓誌與誌墓磚銘的差別、東晉南朝誌墓磚銘的流行情況等，可參范
　　　　　淑英《漢三國兩晉南北朝磚銘誌墓習俗的發展及演變》（《碑林集刊》第 7 輯，
　　　　　陝西人民美術出版社，2001 年，第 265～285 頁）。

〔註 14〕　418 年晉安帝司馬德宗死，劉裕稱奉遺詔迎立司馬德文為帝，420 年 6 月，劉
　　　　　裕逼其讓位，廢為零陵王，次年被殺。

〔註 15〕　范淑英《漢三國兩晉南北朝磚銘誌墓習俗的發展及演變》一文認為誌墓磚
　　　　　銘，「應是中下級官吏和平民使用的一種誌墓方式。」其說甚是。

達 681 字，比較特殊；開始注重文辭的修飾，如墓主姓後加「府君」、名前添「諱」，官員配偶稱「命婦」，男性無官職者稱「男子」、「處士」等。根據內容詳略不同，還可細分為兩種類型：

第一種，計有 7 方，為東晉 2、8、11、15、17、29、31 號墓誌。與 A 類墓誌的書寫格式類似，所記主要是墓主本人情況，但增加了少量新內容，如葬地、配偶、子女等，字數一般在 100 字以內。其中，東晉張鎮墓誌與王獻之保母磚墓誌 2 方較為特殊。

張鎮墓誌，兩面刻文，誌文以職官、籍貫、姓名＋「之郭」的方式起句，續以夫人家世及其本人卒年、卒歲，再附稱頌家世門第、仕宦聲譽、夫人品行的簡短銘辭，體例相當完備，「除去不載墓土先祖、考妣和子女外，大體接近一般所說的墓誌銘格局」〔註16〕。

王獻之保母磚誌，雖然內容與其他墓誌類似，僅增加了墓主品行及祔葬器物 2 項，然而通篇以散文敘述，辭藻華麗，文句工整，與習見之東晉墓誌的那種文詞簡單、樸實無華的行文風格迥然有異。

第二種，計有 16 方。與第一種墓誌不同之處在於增加了墓土先祖及同輩兄弟的職官、婚媾等內容，對子女的婚媾及聯姻家族的姓氏、郡望、職官等記載也很詳細。其中，以南朝 1 號謝琰墓誌最為特殊，其對世系的追述和家庭成員的職官、爵位、婚媾（包括聯姻家族的情況）等的記載異常詳盡，並出現明確的「墓誌」題額。謝琰墓誌由 6 塊形制相同、規格與墓磚等同的青磚刻劃而成，全文 681 字。除第 6 塊殘斷，文字稍損外，其餘保存基本完整。

B 類墓誌主要流行於東晉及南朝劉宋初期，與 A 類墓誌的使用時段大體相同。從墓主的性別與身份來看，此 23 方墓誌中男性 16 方，占十分之七，或身居顯職，或為世家子弟，或二者兼具；女性墓誌僅 7 方〔註17〕，比例遠遜男性，然墓主多出身世族高門，為中、高級官員或名職不顯的世家子弟的母親、配偶、女兒，因而相應增加了對母家情況的記載。可見，B 類墓誌主要

〔註16〕鄒厚本：《東晉張鎮墓碑誌考釋》。張鎮墓誌這種首句稱「郭」、文末附以銘辭的體例，與西晉徐美人墓誌、王浚妻華芳墓誌基本相同，可以說是承襲了西晉墓誌的風格與特徵。這表明，東晉初年孫吳舊壤的土著士族還或多或少保留了一些西晉時期中原地區流行的葬俗。

〔註17〕東晉 5 號墓誌的墓主為王興之夫婦二人，21、22 號墓誌的墓主均為王建之妻劉媚子，故在性別統計中前 1 方分計男、女各 1，後 2 方僅計女 1。

爲世族成員（包括男性與女性）或中、高級官員所使用。同時，出現兩種詳略不同墓誌的原因，既有墓主身份等級、門第高低的差別，也存在時間早晚的問題。

　　C 類：內容相對繁複，字數較多，包括南朝 7、8、9、10、13、14、17、18、19、20、22、24、27、31、32 墓誌，共 15 方。此類墓誌的誌文基本可以分爲「序」和「銘」兩部分。其中，「序」不僅包含與 B 類墓誌相同的內容，還增加了對墓主生平事略、行狀的敘述；「銘」則多爲四言韻文，基本上是對墓主表達頌讚、追悼的虛美之辭。已經使用明確的「墓誌」、「墓誌銘」、「墓誌銘序」、「墓誌銘並序」等題額，誌文中還開始出現撰著者的職官與姓名。

　　如蕭齊永明六年（488）王寶玉墓誌：

　　　　齊故冠軍將軍、東陽太守蕭府君側室夫人王氏墓誌銘。夫人姓
　　王，字寶玉，吳郡嘉興縣曇溪里人也。……以永明六年四月庚戌朔
　　九日戊午卒於建節里中，春秋廿有八。粵閏十月丁丑朔六日壬午，
　　卜宅於臨沂縣之黃鵠山。……銘文　大司馬參軍事東海鮑行卿造。
　　潛寶有耀，懷德有憐，幽閒之懿，播問宣音，薰詩潤禮，越玉蔞金，
　　沖約規行，清和佩心。……息昂，年六。

C 類墓誌流行於劉宋後期至於陳朝。從墓主性別與身份看，此 15 方墓誌中男性墓 11 方，除劉岱身份較低外，其他墓主的等級都比較高，或爲身居顯職的宗室貴族，或爲出身寒門然仕宦甚顯的中高級官員；女性僅 4 方，除張推兒（臨渭縣侯、湘東太守張濟第三女）外，餘 3 方墓主均係宗室貴族。據此，似乎南朝 C 類墓誌的使用階層限於中、高級官員或宗室貴族。然因受出土墓誌數量的限制，我們尚不能就此斷定。相反，劉岱、張推兒墓誌的出現，卻表明南朝墓誌的使用階層還是比較寬泛的，儘管身份等級較低，但其體例與其他貴族墓誌並無不同，亦可見南朝墓誌在文體上的等級差別並不明顯。

　　另外，C 類墓誌在某些方面，如題額的稱名，序、銘、撰著人姓名與職官的位置、行文風格等，因年代的早晚也還存在一些細微的差別。題額的稱名，有「墓誌」、「墓誌銘」、「墓誌銘序」、「墓誌銘並序」等，以「墓誌銘」居多。序、銘的位置，宋、齊時期或爲銘在前，序在後，或爲銘在序中，格式不一；梁以後則是序在前，銘在後，格式相同。至於撰著者的姓名，首見於南齊王

寶玉墓誌，然位置居序銘之間，梁以後則基本在題額之後，序之前。

三、文獻引錄墓誌的考察

除歷代出土東晉南朝墓誌外，傳世文獻中如《藝文類聚》及《文選》還引錄南朝墓誌 49 方（參見表 4）〔註 18〕。《藝文類聚》所引錄南朝墓誌文 48 篇，從其稱名來看，主要有三種情況：稱「墓誌銘」者 33 篇、稱「墓誌」者 13 篇、稱「墓銘」者 2 篇〔註 19〕。從文章體式來看，稱名「墓誌銘」、「墓誌」者，既可以專稱，也可以是通稱，情況比較複雜；而「墓銘」似專稱銘文而言。

「墓誌銘」即墓誌中的銘辭部分，一般只是四言韻文，以稱頌讚歎爲主，此專稱，有 29 篇；也可以是敘述的駢句或散文與頌讚詠歎的銘文相結合的完整墓誌文，此通稱，有 2 篇，一爲卷四十九引梁簡文帝《庶子王規墓誌銘》，乃駢句敘述與銘文詠歎的結合：

> 玉挺藍田，珠潤隋水，價重連城，聲同垂棘，偶應龍之篇影，等威鳳之羽儀，名理超於荀王，博洽侔於終賈，稍遷侍中，佩玉璽於文昌，珥金貂於武帳，文雅與綺縠相宣，逸氣並云霞俱遠，副君取敬杜夷，時迴晉儲之駕，追嗟徐幹，亦降魏兩之書，爰發睿辭，爲銘云爾，七略百家，三藏九部，成誦其心，談天其口，勝氣無儔，高塵誰偶，榮珪掩採，靈劍摧鋒，宋郊淪鼎，洛水沉鐘，玄扉不晝，幽夜恒冬。

〔註 18〕　程章燦《讀任昉〈劉先生夫人墓誌〉並論南朝墓誌文體格──讀〈文選〉札記》對《藝文類聚》所引誌文進行過分類考察，通過對墓誌稱名與墓誌內容比照，指出「《藝文類聚》在引錄誌文時，選用名稱有其一定之規，各個名稱亦有其特定含義」，頗具啟發性。

　　此外，傳世文獻中選錄的墓誌，還有一部分出自六朝史籍，然多不完整。如《梁書》卷五十三《伏暅傳》云：「尚書右僕射徐勉爲之墓誌，其一章曰：東區南服，爰結民胥，相望伏闕，繼軌奏書。或臥其轍，或扳其車，或圖其像，或式其閭。思耿借寇，曷以尚諸。」（中華書局，1973 年，第 776 頁）難以考見其文章整體風貌，故本書將史籍所錄誌文不列爲考述對象。

〔註 19〕　本書徵引《藝文類聚》乃上海古籍出版社 1999 年新版汪紹楹校本。而據程章燦《讀任昉〈劉先生夫人墓誌〉並論南朝墓誌文體格──讀〈文選〉札記》「注釋 9」稱其檢臺灣商務印書館影印文淵閣《四庫全書》本《藝文類聚》，此二篇稱名「墓銘」之墓誌並作「墓誌銘」，則《藝文類聚》中無一篇墓誌以「墓銘」爲題。

另一篇爲卷七七引梁陸倕《誌法師墓誌銘》，是散文敘述與四言銘文的結合：

> 法師自說姓朱，名保誌，其生緣桑梓，莫能知之。齊故特進吳
> 人張緒、興皇寺僧釋法義，並見法師於宋泰始初，出入鍾山，往來
> 都邑，年可五六十歲，未知其異也。齊宋之交，稍顯靈迹，被髮徒
> 跣，負杖挾鏡，或徵索酒肴，或數日不食。豫言未兆，懸識他心。
> 一時之中，分身數處。天監十三年，即化於華林園之佛堂，先是忽
> 移寺之金剛像，出置戶外，語僧眾云：菩薩當去。爾後旬日，無疾
> 而殞。沉舟之痛，有切皇心，殯葬資須，事豐供厚。望方墳而隕
> 涕，瞻白帳而抴心，爰詔有司，式刊景行。辭曰：欲化毗城，金粟
> 降靈。狷皫大士，權迹帝京。緒胄莫詳，邑居罕見。譬彼湧出，猶
> 如空現。哀茲景像，愍此風電。將導舟梁，假我方便。形煩心寂，
> 外荒內辯。觀往測來，覩微知顯。動足壚立，發言風偃。業窮難
> 詔，因謝弗援。慧雲晝歇，慈燈夜昏。

此外，尚見有「誌」而無「銘」者，亦稱「墓誌銘」，有 2 篇，同爲陳徐陵所作，一是卷四七所引《司空章昭達墓誌銘》，以駢句與散文交相雜陳，鋪述志主人一生事迹，寄哀情於敘事之中；一是卷五十所引《裴使君墓誌銘》，用散體讚誌主畢生功勳，歔愍思於詠頌之間。

「墓誌」爲專稱，一般都以敘述爲主，或散文，或駢句，通常不押韻，實際上即墓誌中習見的「誌」或「序」，有 7 篇；也可以作爲通稱，兼指誌、銘兩部分，有 3 篇，分別爲卷三十七引梁簡文帝《徵君何先生墓誌》、《華陽陶先生墓誌》、卷五十引梁王僧孺《豫州墓誌》；「墓誌」作爲通稱來使用時，進而還可以涵蓋銘文部分，僅有「銘」而無「誌」，有 3 篇，分別是卷三十七引梁元帝《庾先生承先墓誌》、卷四十七引謝莊《司空何尚之墓誌》、卷四十八引宋孝武帝《故侍中司徒建平王宏墓誌》，從形式上看全是四言韻文，從內容上看都屬於銘辭。與此類似的是，《文選》卷五十九「墓誌」類所收《劉先生夫人墓誌》，該篇作品雖然題名「墓誌」，然全篇有「銘」無「誌」，僅由 24 句四言韻語組成，每八句一換韻，構成平仄韻相間的三組。

以上傳世文獻引錄墓誌稱名不一、文體構成多樣，甚至「名實相離」，在一定程度上恰恰說明了南朝墓誌文體雖然逐漸趨向成熟，然離墓誌文體的最終定型尚有一段距離。

綜合對出土墓誌及傳世文獻選錄墓誌資料的分類考察，我們可以將東晉

南朝墓誌文體的演進過程大體分爲三個階段：

第一階段爲東晉至南朝宋大明（457～464）以前。A、B 兩類墓誌流行，結構單一，內容簡略，有序無銘；中後期開始注重文詞的修飾，並在後期出現「墓誌」的題額〔註 20〕；從功能上看，該時期的墓誌還主要是標示墓葬所在（葬地）與紀親（墓主家族世系）。

第二階段爲南朝宋大明（457～464）至蕭齊（479～502）。C 類墓誌出現，A、B 兩類墓誌少見，墓誌文體逐漸成熟，結構完整，序銘俱全；然序與銘的位置不一，前期爲序在前、銘在後，後期是銘在誌中；且序不僅保留了 B 類墓誌的特點，還增加了對墓主行狀、品性的稱頌與描述，篇幅上較長，而銘相對簡短；行文開始用典，具有一定的文學色彩；題額稱名由「墓誌銘」取代「墓誌」；中後期在序銘之間開始出現撰著者的姓名、職官〔註 21〕，整體感覺並不規範；墓誌在功能上，於標示墓葬、紀親之外，開始增添「銘德」一項，即對墓主的事功、德行的讚頌。

第三階段爲蕭梁（502～557）至陳（557～589）。C 類墓誌流行，A、B 兩類墓誌消失。墓誌文體基本定型，書寫格式趨向統一：序置銘前；題額多稱「墓誌銘」，往後小有稱「墓誌銘序」、「墓誌銘並序」的趨向；撰著者的姓名、職官置於題額之後。銘的篇幅逐漸增大，幾乎與序相抗。行文十分規範，以駢文爲主，大量用典，文詞優美，文學色彩濃鬱，但疏於記事。從墓誌功能來看，最大的變化是標示墓葬與紀親的寫實內容逐漸弱化，而「銘德」與「述哀」（抒發個人或家族群體的哀悼之情）的抒情部份得以張揚。這一切都表明墓誌文體的實用性開始淡化，逐漸由應用性文體向文學性文體轉化。

〔註 20〕 目前所知，劉宋永初二年（421）謝琰墓誌是南朝最早首題「墓誌」的一方，比北朝墓誌中最早稱名「墓誌」的劉賢墓誌（452～465）要早三、四十年。由此，則「墓誌」稱名似起自南朝，轉而由南傳諸北。

〔註 21〕 南齊永明六年（488）王寶玉墓誌是目前所知南朝墓誌中最早出現撰著者姓名的一方（撰著者姓名居誌與銘之間），比北朝所見最早見撰、書者姓名的元淑墓誌（北魏永平元年，508，該誌製作時間與撰、書者的姓名均另刻於墓誌背面）要早二十年。綜合南、北朝墓誌稱名與撰著者姓名出現的時間早晚，我們可以發現南北朝時期儘管政治上分裂與對峙，地方特徵與民族特徵十分明顯，然而並不意味著南北交流乃至思想文化上的斷然隔絕，這就使得南、北朝墓誌的發展既保持著各自地域的特點，相互區別，存在一定的差異，又彼此交流、影響，有著統一的特徵。

當然，東晉、南朝墓誌文體在其發展演進過程中，所呈現出的上述種種特徵，既非孤立存在，亦非憑空產生，可以說同東晉、南朝特殊的政治環境、社會背景，以及南方地域既往的喪葬習俗密不可分。

第二節　南朝墓誌的文學化

一、文學化的表徵

以上通過對東晉南朝墓誌文體的分類考察，我們不僅明瞭其具體的演進情形，尚發現南朝墓誌在其發展定型過程中，逐步形成其自身特有的文學品格和審美特徵，墓誌作品日趨呈現出文學化的創作傾向。南朝墓誌文體的文學化特徵，主要表現在如下幾方面。

（一）語言形式上

注重辭藻、講究駢偶、追求韻律、大量用典。如前揭蕭齊永明六年（488）王寶玉墓誌，對王氏品性德行的詠頌，「夫人溫朗明淑，神華玉麗，清規素範，夙炳芬譽」、「恭雅恬懿，克隆美訓」，文辭雅麗，表意雋永；對哀悼之情的描繪，「陂途易永，夷數難常，中春掩縟，半露摧芳。方冥方古，孰云不傷，追昭軌烈，式讚泉房。」對仗工整，聲律協調。

用典就是「據事以類義，援古以證今」，通常是「引乎成辭」、「舉乎人事」，即運用語典和事典〔註 22〕，此在南朝墓誌屢有所見。如劉宋大明七年（46）劉懷民墓誌銘，「野獸朝浮，家犬夕寧。淮棠不剪，澠鴉改聲。履淑違徵，潛照長冥。鄭琴再寢，吳涕重零。」8 句四言韻文中，竟有「野獸朝浮」、「淮棠不剪」、「澠鴉改聲」、「鄭琴再寢」，「吳涕重零」等 5 處涉典〔註23〕。

（二）篇體結構上

南朝早期墓誌結構單一，內容簡略，有序無銘；劉宋後期至於陳朝，基本是「序（誌）」、「銘」俱全。從文體形式來看，「序（誌）」以散體為主，兼有駢體，或駢散結合，用以敘述人事，通常為墓主的里籍、年壽、卒葬時地、前後歷官、世系親族、生平行狀等；「銘」以四言為主，又有雜五言、六言、七言，讚頌死者的功德及表達生者的哀悼。從文體風格來看，「序（誌）」為

〔註22〕 李士彪：《魏晉南北朝文體學》，第 250 頁。
〔註23〕 詳參趙超：《中國古代墓誌通論》，第 224 頁，注釋 7～11。

敘事，是紀實性的；「銘」或詠頌，或表哀，是抒情性的，二者的結合，本身就意味著墓誌文體的文學化傾向。

再者，即使僅從南朝墓誌中「序（誌）」的變化來看，其內容不斷豐富，敘述方式逐漸多樣，也體現了南朝墓誌文體的文學化傾向。如果說南朝早期墓誌的那種純粹性描述，簡單而拙陋，無絲毫的文學意味可言，那麼到中後期，則大為改觀。如梁天監十三年（514）王纂韶墓誌開篇追述其家族出身，云：「周儲命氏，世載厥德，清源華幹，派別綿昌」、「皇基積祉，本枝克盛，岐陽之功載遠，隆姬之祚在焉」。琅琊王氏，自王敦、王導推戴晉室立足江左以來，至南朝時期一直都是顯赫的世家大族，王慕韶誌文中「皇基積祉，本枝克盛」，「世載光華，羽儀相屬」，「清源華幹，派別綿昌」，可以說是王氏家族社會地位的真實寫照。文學的抽象概括性的藝術性品質於此亦可見一斑。

（三）表達方式上

南朝墓誌，尤其是中後期「序（誌）」、「銘」俱全的完整墓誌，無論是敘事，還是表哀，在具體表達方式上都表現出異常的靈活，富有文學寫作的技巧。如前揭《藝文類聚》卷七七引錄梁陸倕《誌法師墓誌銘》，既有對法師行迹不定、籍貫難詳的概括敘述，「緒胄莫詳，邑居罕見」；也有對其靈迹稍顯的細節描寫，「被髮徒跣，負杖挾鏡，或徵索酒肴，或數日不食」；甚至以「移寺之金剛像，出置戶外，語僧眾云：菩薩當去。爾後旬日，無疾而殞」作為「豫言未兆，懸識他心」的生動例證。既有對梁武帝「沉舟之痛，有切皇心」的哀悼之情的正面描繪，也有「慧雲晝歇，慈燈夜昏」的側面烘托。如此均使得通篇誌文的文學藝術性大大增強。

（四）文體功能上

南朝早期的粗簡墓誌基本局限於「標示墓葬」，而後逐步添加「紀親」一項，「墓誌，則直述世系、歲月、名字、爵里，用防陵谷遷改」〔註24〕再後拓展至「銘德」與「述哀」，對墓主的「高風亮節」、「雄偉英烈」極盡詠讚之能事，同時又摻入個體或家族群體的哀悼之情。墓誌文體「標誌墓葬、紀親、銘德」的現實功能，決定了其相對紀實性的敘事，頗具傳記文學的色彩；同時，「述哀」的需要，也決定了其相對誇張性的抒情，從而溶入了些許哀悼文

〔註24〕　（明）吳訥著、于北山點校《文章辨體序說》，第 53 頁。

學的影像。

二、文學化的成因

南朝墓誌文體的文學化傾向並非是一種歷史的偶發現象。如果把這種現象置放於南朝文學與文化的雙重背景下去思考，則可以發現，南朝墓誌文體的文學化傾向正是基於其自身發展的要求、時代的特徵和眾多制度的因素的集合而形成一種歷史的動向。

（一）「碑禁」的無奈與「紀德」的需要

南朝葬制大部分沿襲魏晉之舊，墓前樹碑即亦在禁止之列。《宋書》卷十五《禮志二》、卷六四《裴松之傳》詳載裴松之於東晉末義熙年間奏議禁碑之事，並指出碑禁之令歷劉宋，及齊梁；《南齊書》卷四〇《竟陵文宣王子良傳》載：「建武中，故吏范雲上表為子良立碑，事不行。」〔註25〕《隋書》卷八《禮儀三》載，梁武帝天監六年「申明葬制，凡墓不得造石人獸碑，唯聽作石柱，記名位而已。」〔註26〕雖然南朝碑禁甚嚴，然而少數達官勳戚還是享有一定特權，死後由其親屬、故吏奏請朝廷特許，還是可以立碑的，如《梁書》卷二二《太祖五王·安成王秀傳》云：「故吏夏侯亶等表立墓碑，詔許焉。」〔註27〕當然，能夠得以特許立碑的畢竟還是極少數。

南朝禁碑令的森嚴，卻為墓誌文體的流行與發展創造成了非常重要的條件。《南齊書》卷一〇《禮志下》載：「有司奏：大明故事，太子妃玄宮中有石誌。參議墓銘不出禮典。近宋元嘉中，顏延之作王球石誌。素族無碑策，故以紀德。自爾以來，王公以下，咸共遵用。儲妃之重，禮殊恒列，既有哀策，謂不須石誌。」〔註28〕素族面臨因禁碑而「無碑策」的現實，卻又迫於「紀德」的需要，無奈之下，便轉向於採用墓誌這種文體，「禁碑使得碑文成為一種典制，只是極少數人的飾終之典，於是便有了墓誌這種與碑文相類似的文體加以補充。」〔註29〕

「自爾以來，王公以下，咸共遵用」，表明劉宋元嘉以後墓誌使用的流行，

〔註25〕 中華書局，1972 年，第 701 頁。
〔註26〕 中華書局，1973 年，第 153 頁。
〔註27〕 中華書局，1973 年，第 345 頁。
〔註28〕 中華書局，1972 年，第 158～159 頁。
〔註29〕 黃金明：《漢魏晉南北朝誄碑文研究》，人民文學出版社，2005 年，第 284頁。

喪葬設誌也似乎已經成為一種社會風尚。使用墓誌的社會人群，不再限於無碑策的「素族」，轉而擴大至可以特許立碑的貴族勳戚，或原本即有哀策的帝王后妃。墓誌的使用得到社會的普遍認同，在某種程度上為墓誌文體的進一步發展並走向文學化，奠定了良好的基礎。

（二）權貴勳戚的重視

綜合出土墓誌及《藝文類聚》等文獻引錄墓誌資料來看，無論是墓誌的使用者，還是墓誌的撰著者，絕大多數都具有顯赫的家世或政治身份，享有甚高的社會地位。除了如梁桂陽王、永陽王等王室成員使用墓誌外，甚至有以帝王之尊，直接參與墓誌的撰寫活動者，如劉宋孝武帝、梁簡文帝、元帝、陳後主等。南朝包括帝王在內的權貴階層，對墓誌文體的重視，於此可見一斑。權貴勳戚的重視，在一定程度上對墓誌使用的社會風尚起到了推波助瀾的作用，從而也為墓誌文體的文學化營造了重要的氛圍。

（三）知名文人的參與

墓誌文體的文學化進程，離不開文人，尤其是知名文人參與創作，並產生重大影響。南朝參與墓誌文撰寫活動較為知名的有：宋之顏延之、謝莊，齊之王儉、王融、謝朓、鮑行卿，梁之沈約、江淹、任昉、徐勉、王僧孺、陸倕、裴子野、劉孝綽、王規、謝舉，陳之江總、徐陵等。這些知名文人在撰作墓誌的過程中，或多或少會將其創作詩賦等純文學文體的習慣帶進來，從而對墓誌進行文學化的改造，雖然這種改造是在不自覺中進行的，而不自覺，恰恰是文學創作的一個前提條件。文人們的參與撰作，一方面使得墓誌文的審美功能日漸提高，墓誌這一應用文體進一步地文學化、藝術化，從而加速了墓誌文撰作文學化的進程；另一方面，文人們的撰作傾向在一定程度上也會對民間的撰作起到導向作用，故墓誌文在南朝呈現出較明顯的文學色彩。

（四）時代文風的影響

墓誌的文學化傾向還深受當時社會流行文風的影響。南朝是駢文最為成熟的時期，為文以麗藻為尚，崇尚典故的堆砌，甚而有華而不實的浮豔之弊，此在墓誌文中均有反映。如前揭《藝文類聚》卷四十九引梁錄簡文帝《庶子王規墓誌銘》，通篇為駢麗之文，辭采鋪陳，對仗工整，行文靈動，墓誌作者對語言表述的追求與刻意為文之舉，顯見。

　　綜上，衡之以現代文學的觀念，中國古代許多應用性文體都不屬於文學研究的範疇，墓誌文體即是如此。然而，在古代並不存在文學文體和應用文體截然兩分的界限，文人們在撰寫墓誌這類應用性較強的文章的時候，也不以文體形式是否實用作爲界定文學文體的法則，而是更多地是將注意力集中於文學的視角，從而模糊了其本身的文體意義。勿庸置疑，墓誌這類應用文體或多或少地包含著文學性的內涵，它們的發展演進既有本身發展變化的規律，也在某種程度上體現出文學發展變化的規律。南朝墓誌文體從簡到繁、由野轉文的文學化傾向，可以說是對此最好的注釋。

第八章 東晉南朝墓誌中的歷史地理問題

　　東晉南朝墓誌文中包含著豐富的歷史地理資料，主要是與墓主籍貫、婚姻、仕宦、爵位及葬地等相關的地名。因爲是歷史地名，與墓葬現今發現地點的名稱，多少會有些出入，故將二者聯繫起來，確定歷史地名今指的確切位置，無疑具有重大的價值與意義，此其一；其二，依據墓誌地名，尤其是墓主本人及其聯姻家族的地望，還可以深入探究其所蘊含的歷史文化內涵，如家族門第的顯隱、政治地位的升降、聯姻集團的變化，等等。依據墓誌所載的歷史地名（尤其是行政區劃名稱），不僅對相關文獻記載起到補充、核實、糾謬的作用，還可以將若干同一地區出土的同一時期的墓誌中的相關地名彙集起來，做綜合考察，進而對東晉南朝的某些歷史地理問題，如僑置與「土斷」等，有更深入的認識和判斷。如此，通過對墓誌所載地名的考察，解決一些僅靠文獻記載或考古發掘無法徹底解決的問題，無疑有助於歷史地理研究的拓展和深入。

第一節　墓誌所反映的歷史地理問題與前人相關研究

　　歷史地名的記載，在東晉南朝墓誌文中佔有很大的份量，主要是與墓主籍貫、婚姻、仕宦、爵位及葬地等相關的地名。如劉岱墓誌全文三百餘字，其中提到的地名即有二十多個，十分突出〔註1〕。墓誌文中的這些歷史地

〔註1〕鎮江市博物館：《劉岱墓誌簡述》，《文物》1977年第6期。

名，是考察歷史地理的重要參考資料。對墓誌地名進行考證，並以之與文獻記載相參校，不僅是傳統金石學研究的一個重要方面，也是現今古代出土墓誌研究的一個重要內容。關於墓誌地名及相關行政區劃建置沿革的考補，在傳統金石著作的考跋及現今公佈的單方墓誌材料與相關墓誌研究中均屢有所見。如劉濤《〈王建之妻劉媚子墓誌〉中的「涅陽」》〔註2〕，對劉氏郡望爲「涅陽」而非「湼陽」的辯證；劉宗意《東晉王氏墓誌之「白石」考》〔註3〕，對照文獻，辨明了王氏葬地「白石」的今地所指，對「白石」即「白石壘」的陳說予以糾正，等等。然多爲單方墓誌地名的考證，較爲零散。

將東晉南朝墓誌中的地名及其所反映的歷史地理問題彙集起來，對照文獻記載與考古發掘的相關情況，進行綜合性的深入研究，前人成果不多。然也不乏有這方面的研究，並取得一定成就，筆者所見，主要是圍繞墓誌地名及葬地所反映的僑置與「土斷」等問題展開的相關討論，其中對僑置琅邪郡和臨沂縣的行政建置與地理沿革的考補最爲突出。

僑置郡縣，是晉室南渡後，隨著中原士民大量南遷，東晉、南朝政府爲安置數量眾多的北方流民而相繼採取的一種特殊措施。僑置郡縣取舊壤之名，而多無實土。《宋書》卷三十五《州郡志一》云：「自夷狄亂華，司、冀、雍、涼、青、幷、兗、豫、幽、平諸州一時淪沒，遺民南渡，並僑置牧司，非舊土也。」據譚其驤《晉永嘉亂後之民族遷徙》考證，魏晉南北朝時期，北人南來聲勢較大的有四次：西晉末年永嘉初（307 年左右）；東晉成帝時（326～342）；康帝、穆帝之後（343 年後）；宋武帝以後（420 年）。其中，第一次南遷以晉元帝大興三年（320）琅邪國人過江立懷德縣於京城建康，爲僑置郡縣之始，後又陸續僑置徐、兗、幽、冀、青、幷、司諸州於大江南北；明帝時又改立徐、兗僑郡諸縣於江南。第二次南渡，亦以江南居多。第三次以遷四川者居多。第四次在關隴者多遷梁益二州。〔註4〕中原士民南渡後多集中於地當南北衝要的南徐州（京口）及都城建康附近，故東晉南朝的僑置郡縣亦多設於此。在這一地區出土的東晉南朝墓誌記載的地名中，對僑置郡縣現象有充分的反映和佐證，因而成爲歷史地理研究的重要參考資料。

〔註2〕 《文物》2002 年第 7 期。

〔註3〕 《江蘇地方志》2002 年第 2 期。

〔註4〕 原載《燕京學報》第十五期，1934 年 6 月；後收入《長水粹編》，《二十世紀中國史學名著》，（石家莊）河北教育出版社，2000 年，第 272～298 頁。

　　東晉南朝出土墓誌所見世家大族中以來自中原河北、山東、河南、山西諸地者居多，如琅邪臨沂王氏、顏氏、陳郡陽夏謝氏、宋氏、平原厲縣明氏、太原祁縣溫氏、廣平郡廣平縣李氏、平昌安丘孟氏、東莞莒縣劉氏、南陽涅陽劉氏、廬江潛縣何氏，等等，其葬地多在京城建康及其周邊地區，故墓誌所載地名為僑置郡縣地望的考察提供了重要線索。

　　羅宗眞《略論江蘇地區出土六朝墓誌》〔註 5〕，可謂研究東晉南朝墓誌中僑置問題的濫觴之作。該文將江蘇地區出土的六朝墓誌中的與墓主原籍、葬地等相關的地名彙集起來，做綜合考察，以墓誌證實、補充文獻的相關記載，從而對文獻記載不明的歷史地名，以及某些行政建置的地望有新的考釋和說明。然受出土材料的限制，具體論證尚不夠充分，仍顯零散。

　　日本學者中村圭爾，在羅宗眞、矢野主稅等人相關研究的基礎上，利用江蘇地區出土的六朝墓葬與墓誌資料，以南徐州琅邪郡臨沂縣和以琅邪臨沂為原籍的王氏、顏氏為探討對象，對僑琅邪郡和臨沂縣的行政建置及地理沿革有更為深入的闡釋和論述，並推測僑臨沂縣的具體疆域為「向建康城的東、北郊擴展，北至長江，東以棲霞山附近為界」，「或許棲霞山成為江乘縣與臨沂縣境的邊界」〔註 6〕。

　　王去非、趙超在綜合考察東晉南朝琅邪王氏、顏氏家族墓葬與墓誌的情況後，結合梁輔國將軍、蕭敷、蕭融、王纂韶等墓誌的相關記載，參照文獻，對僑置琅邪、臨沂的建置沿革與地理位置做進一步考辨，不僅辨明了僑置琅邪郡、臨沂縣由附著於當地原有郡縣中轉變為獨立實體的情況，而且大致確定了其範圍界限：燕子磯沿江一線為僑郡琅邪北界，燕子磯與棲霞山之間的地區為僑置臨沂縣治所在；句容縣內琅邪鄉為僑郡琅邪東界；今南京城東北，以古潮溝為界，是琅邪、臨沂的南界；今老虎山至北固山一帶，即南朝時期被稱作白下的白石壘附近，為僑縣臨沂的西界〔註 7〕。基本解決了東晉南朝琅邪、臨沂的僑置問題，無疑是對前人研究的重大突破。

　　伴隨「僑置郡縣」而來的是僑籍的整理——「土斷」。東晉及南朝前期，

<hr />

〔註 5〕　《南京博物院集刊》1980 年第 2 期。

〔註 6〕　（日）中村圭爾：《六朝貴族制研究》，風間書房，1989 年，第四篇第一章「南朝貴族の本貫と僑郡縣」；中村圭爾著，劉馳譯：《關於南朝貴族地緣性的考察——以對僑郡縣的探討為中心》，原載《東洋學報》第 64 卷第 1・2 期，1983年；《南京曉莊學院學報》2005 年第 4 期。

〔註 7〕　王去非、趙超：《南京出土六朝墓誌綜考》，《考古》1990 年第 10 期。

大量僑州郡縣設立後，「省置交加，日回月徙，寄寓遷流，迄無定邦，邦名邑號，難或詳書」，最終造成「版籍爲之混淆，職方所不能記」的混亂局面，所以政府又屢次實行以省併、割實、改屬、假僑名而新立等方式，將僑置郡縣依其寄寓之地斷入當地之州的政策，來整頓戶籍，即所謂「土斷」〔註8〕。而部份東晉、南朝墓誌中記載的地名，也透露出一些相關信息。如升平元年（357）卒葬南京呂家山墓地的李緝、李摹及李纂妻武氏墓誌都記載李氏舊籍爲「廣平郡廣平縣」，而十八年後的寧康三年（375），當李纂與其先亡之妻合葬時，墓誌卻改稱李氏籍貫爲「魏郡肥鄉」；再如，南京司家山陳郡謝氏家族墓誌中，東晉義熙二年（406）謝溫墓誌稱其墓地所在是「丹楊郡江寧縣牛頭山」，宋永初二年（421）謝琰墓誌稱其「安厝丹楊郡江寧縣賴鄉石泉里中」，而與謝溫墓誌相差一年的東晉義熙三年（407）謝球墓誌卻稱「安厝丹楊郡秣陵縣賴鄉石泉里牛頭山」，葬地相同，而記載有異。

關於南京呂家山廣平李氏家族墓誌所見墓主改籍現象，由王志高等執筆的發掘簡報認爲這是僑郡縣土斷的反映，李纂墓誌將其籍貫由「廣平郡廣平縣」改爲「魏郡肥鄉」，是因「土斷」而就地劃歸僑寄郡縣所致〔註9〕。然並未指出是東晉哪次土斷影響的結果。羅新、葉煒《新出魏晉南北朝墓誌疏證》在其基礎上，進一步推論晉哀帝興寧二年（364）由桓溫主持的「庚戌土斷」，是李氏著籍變化的關鍵；並指出李氏墓誌在庚戌土斷前後顯著的著籍差異，給認識土斷和黃白籍問題提供了新資料〔註10〕。惜亦未作深入分析和論述，僅寥寥數語，一帶而過。

關於南京司家山謝氏家族墓誌所見葬地「賴鄉石泉里牛頭山」中「賴鄉」行政歸屬的問題，王志高、羅宗眞《六朝文物》首次做出相關探討，並推論：

〔註8〕 胡阿祥：《六朝疆域與政區研究》，西安地圖出版社，2001 年，第 219～229 頁。

〔註9〕 南京市博物館：《南京呂家山東晉李氏家族墓》，《文物》2000 年第 7 期。王志高、羅宗眞《六朝文物》（南京出版社，2004 年，第 231 頁）有相同論述，並將《晉書·地理志》「咸康四年（338），僑置魏郡、廣川、高陽、堂邑等諸郡，並所統縣並寄居京邑」、《宋書·州郡志》「成帝咸康四年（338），僑立魏郡，領肥鄉、元城二縣，後省元城……並隸揚州，寄治京邑」中的咸康四年僑置之舉誤爲「咸康四年土斷」。據胡阿祥《六朝疆域與政區研究》（第 230 頁，注③），東晉實行土斷四次：咸和土斷（《陳書·高祖紀》）、咸康七年土斷（《晉書·成帝紀》）、興寧二年三月庚戌土斷（《晉書·哀帝紀》、《宋書·武帝紀》）、義熙九年土斷（《宋書·武帝紀》）。無「咸康四年土斷」。

〔註10〕 中華書局，2005 年，第 25～26 頁。

「賴鄉石泉里」行政歸屬的變動，亦因「石泉里地處兩縣（江寧與秣陵）交匯地帶，晉末宋初連年不斷的土斷可能多次涉及京郊縣域的區劃調整，石泉里首當其衝」，根源在於「土斷」不僅是對僑州郡縣進行調整，亦根據需要調整了部分當地州郡縣。〔註11〕

　　綜上所述，儘管單方東晉南朝墓誌中包含有豐富的地名等歷史地理資料，對其進行梳理與考證，於歷史地理研究有著重大的價值和意義，然因材料過於零散，不易進行深入而廣泛的研究，也難以找到有所突破的研究專題。而系統全面地彙集墓誌文中的歷史地理資料，對照考古發掘情況及相關文獻記載，進行綜合性的專題考察與研究，顯然價值更大，更利於推動歷史地理研究的開展。然受出土墓誌材料的限制，這方面的研究難度較人，前人研究成果不多或研究不夠深入的原因亦當緣此。當然，這也爲後人提供了很好的研究思路與探討空間，如關於李氏家族墓誌墓主改籍的問題，不否認同東晉政府的「土斷」政策有關，然其僑籍具體變化如何，僑廣平郡、廣平縣與僑魏郡、肥鄉縣行政區劃的設置與省廢時間及過程如何，等等，仍值得做進一步的深入探討；同時，李氏著籍方式的變化，又爲我們考察東晉數次「土斷」的不同內容提供了新線索：東晉升平元年（357）李氏諸人墓誌稱其舊籍爲「廣平郡廣平縣」，寧康三年（375）李纂墓誌改稱李氏籍貫爲「魏郡肥鄉」，而宋元嘉二年宋乞墓誌「揚州丹楊建康都鄉中黃里領豫〔州〕陳郡陽夏縣都鄉扶樂里宋乞」、元嘉十八年（441）謝濤墓誌「宋故散騎常侍揚州丹陽郡秣陵縣西鄉顯安里領豫州陳郡陽夏縣都鄉吉遷里謝濤」，僑人著籍方式發生了很大變化，在一定程度上也表明其間興寧三年（364）「庚戌土斷」與義熙九年（413）土斷在內容上存在差異。

第二節　墓誌政區地名集釋

一、州

　　1. 并州[2]（詞條上標數字表示出現該詞語的墓誌數量，若某詞語僅出現於某 1 方墓誌，則略去數字。下同）

　　漢武帝元封五年（前 106）初置十三州刺史，并州爲其中之一。建安十八年（213），省入冀州，魏黃初元年（220）復置，至晉因而不改。治晉陽，在

今山西太原市西南〔註12〕。東晉僑立并州於江北，後併入僑兗州。

2. 巴州

《晉書・地理志》（以下簡稱《晉志》）、《宋書・州郡志》（以下簡稱《宋志》）失載，《魏書・地形志》（以下簡稱《後魏志》）、《元和郡縣圖志》（以下簡稱《元和志》）付闕，《南齊書》卷十五《州郡志下》（以下簡稱《南齊志》）云：「巴州……建元二年（480），分荊州巴東、建平，益州巴郡爲州，立刺史，而領巴東太守，又割涪陵郡屬。永明元年（483）省，各還本屬焉。」〔註13〕《中國歷史地名大辭典》（以下簡稱《大辭典》）「巴州」條，東晉、蕭齊、蕭梁、北魏、西魏、北齊皆置有巴州，且治所、轄境各異〔註14〕。《黃法氍墓誌》云：「（天康）二年（567），□爲都督郢巴武三州諸軍事、鎮西將軍、郢州刺史。」據《中國歷史地圖集》第四冊《東晉十六國・南北朝時期》（以下簡稱《地圖集》第四冊），陳巴州治巴陵郡，地在今湖南岳陽市〔註15〕，當沿自梁置。〔註16〕

3. 高州

《黃法氍墓誌》云：「太平元年（556），割江州四郡置高州，詔公爲刺史，兼散騎常侍、使持節都督高州諸軍事、信武將軍，餘如故。」《大辭典》「高州」條，南朝梁所置有二，一爲大同中置，治所在高涼郡高涼縣（今廣東陽江市西）；另一建置時間不明，治所在巴山縣（今江西樂安縣東北公溪鎮），領巴山、臨川、安成、豫寧四郡地〔註17〕。墓誌所云「高州」當係後者，且

〔註12〕 詳參孔祥軍：《晉書地理志校注》（以下簡稱《校注》），新世界出版社，2012年，第80～81頁。

〔註13〕 第275頁。

〔註14〕 史爲樂主編：《中國歷史地名大辭典》，中國社會科學出版社，2005年，第509頁。

〔註15〕 譚其驤主編：《中國歷史地圖集》，中國地圖出版社，1982年，第44～45頁。

〔註16〕 本節對墓誌地名的解釋，所據資料除《漢志》（《漢書・地理志》）、《續漢志》（《續漢書・郡國志》）、《晉志》、《宋志》、《南齊志》、《後魏志》、《隋志》（《隋書・地理志》）等正史地理志外，尚參考《地圖集》第四冊、《彙釋》（胡阿祥《宋書州郡志彙釋》）、《大辭典》、《校注》等近人研究成果。具體做法是，以《大辭典》相關詞條爲主線，參以正史地理志相關條目，核以《地圖集》古今地名對照，再參照《校注》、《彙釋》相關研究成果，最後綜合而成集釋詞條。其間遇有歧義而有所取捨時，則標注所參考資料的出處，其他通識性的描述語言則不再另行注出。

〔註17〕 第2163～2164頁。

可據補建置時間梁太平元年（556）。

4. 廣州[2]

孫吳黃武五年（226），分交州之南海、蒼梧、鬱林、高梁四郡立爲廣州，旋省；永安七年（264）復置，治所乏考[註18]，兩晉南朝因之。

5. 交州[3]

東漢建安八年（203）改交州刺史部置，吳黃武五年（226）分爲交、廣二州，交州治龍編縣（今越南河北省仙遊東）。

6. 江州[2]

西晉惠帝元康元年（291）置，治所最初在豫章（今江西南昌市東），東晉咸康六年（340）徙治尋陽（今江西九江市西南），東晉南朝時期在豫章、尋陽間屢有變動[註19]。

7. 荊州[2]

漢武帝十三州部刺史之一。東漢以後，治所屢變[註20]，太康元年（280）以後徙治江陵，在今湖北江陵縣。南朝宋、齊、梁相沿，至陳又置荊州於江南之公安縣（今湖北公安縣西北），與後梁荊州（今湖北江陵）隔江相對。

8. 冀州[3]

漢武帝十三州部刺史之一。魏晉相因，西晉治信都，在今河北冀州市[註21]。東晉僑立冀州於江北，宋元嘉九年（432），又分青州立冀州，治歷城（今山東濟南市）。

9. 梁州

曹魏景元四年（263），分益州爲梁州，治南鄭，在今陝西漢中市[註22]。

10. 南徐州[3]

南朝宋永初二年（421）改徐州置，治郯縣（京口），今江蘇鎮江市。

11. 南豫州

據《宋志》、《南齊志》，「南豫州」，南朝宋永初三年（422）分豫州淮東置，治歷陽，在今安徽和縣。永嘉七年（430）省。大明元年（457）復置，

〔註18〕《校注》，第 209～210 頁。
〔註19〕可參胡阿祥編著：《宋書州郡志彙釋》（以下簡稱《彙釋》），第 117～118 頁。
〔註20〕可參《彙釋》，第 165 頁。
〔註21〕《校注》，第 209～210 頁。
〔註22〕參見《校注》，第 110～112 頁。

治姑孰，在今安徽當塗縣，五年（461）省。七年（463）復置，齊建元二年（480）省。永明二年（484）割揚州宣城、淮南，豫州歷陽、譙、廬江、臨江六郡復置，治於湖，在今安徽蕪湖縣西北。《黃法氍墓誌》云：「（陳太建）四年（572），除使持節、散騎常侍、南豫州刺史、都督南豫州口江諸軍事、征南大將軍，餘並如故。」核以《地圖集》第四冊「南朝陳太建四年（572）」疆域圖（恰巧與墓誌所載年份同），陳南豫州治淮南郡，在今安徽當塗縣〔註23〕。《隋書》卷三十一《地理志下》云：「淮南郡，舊曰豫州，後魏曰揚州，梁曰南豫州，東魏曰揚州，陳又曰豫州，後周曰揚州。開皇九年曰壽州。」〔註24〕據墓誌「南豫州」，可糾《隋志》「陳又曰豫州」之誤。

12. 秦州

曹魏時分隴右置，刺史領護羌校尉，後廢；晉泰始五年（269）復置，治冀，在今陝西甘穀縣東，至太康三年（282）罷，併入雍州，元康七年（297）復立，治下邽，在今陝西天水市。東晉南朝僑置秦州，治南鄭，在今陝西漢中市。〔註25〕

13. 青州[2]

漢武帝十三州部刺史之一，魏晉相因，治臨淄，在今山東淄博市東北；東晉僑立青州，治廣陵，在今江蘇揚州市西北。義熙五年（409），劉裕收復漢魏青州故地，置北青州，治東陽城，在今山東青州市，而僑立廣陵南青州如故。後省南青州，而北青州直曰青州。宋孝建三年（456）至大明八年（464），貼治歷城，在今山東濟南市。太明八年（464），還治東陽。泰始五年（469）青州地入北朝，而與冀州合僑置於鬱州，在今江蘇連雲港市。劉宋大明八年（464）《劉懷民墓誌》載劉氏籍貫「青州平原郡平原縣都鄉吉遷里」，泰始五年（469）《劉襲墓誌》「第五姊茂容，適蘭陵蕭贍，叔文；父斌，伯蒨，青、冀二州刺史」，此二「青州」當指貼治歷城或治東陽城者。特別需要指出的是，《劉襲墓誌》「父斌，伯蒨，青、冀二州刺史」，給我們考察東晉南朝雙頭州郡問題補充了新材料〔註26〕。

〔註23〕　第 44～45 頁。

〔註24〕　第 874 頁。

〔註25〕　可參《校注》，第 105 頁、《彙釋》，第 244～246 頁。

〔註26〕　可參《彙釋》，第 134～136、144～154 頁。《彙釋》謂冀州爲僑州，割成實土，治歷城，青州實土州，宋孝建三年（456）至大明八年（464），青州貼治歷城，垣護之曾領二州刺史。故此《劉襲墓誌》又補充一「青冀二州刺史」例。

14. 司州

曹魏通稱司隸校尉部為司州，西晉太康元年（280）平吳後，正式定名「司州」，治洛陽，在河南洛陽市東北。永嘉五年（311），司州淪沒於匈奴劉聰。東晉僑置司州於徐縣，在今江蘇泗湖洪縣南。此後僑司州治所屢有變動，或僑治合肥縣，在今安徽合肥市，或僑治襄陽縣，在今湖北襄樊市襄陽。永和十二年（356）桓溫收復河南地，還治洛陽，後沒於前秦；淝水戰後又還治洛陽，隆安中沒於後秦。義熙十二年（416）劉裕北伐，置司州於虎牢，在今河南滎陽市西北，南朝宋景平元年（423）陷於北魏。《謝琰墓誌》載其祖父謝奕歷官「使持節都督司豫幽并五州……諸軍事」，此「司州」當僑置者。

15. 吳州

南朝梁承聖二年（553）置，治鄱陽郡，在今江西波陽縣，陳光大元年（567）廢。陳禎明元年（587）又置吳州，治吳縣，在今江蘇蘇州市。《黃法氍墓誌》云：「（天嘉）三年（562），改授鎮南大將軍、江吳二州諸軍事。」此吳州當係沿襲梁置、治鄱陽郡者。

16. 武州

《黃法氍墓誌》「（天康）二年（567），口為都督郢巴武三州諸軍事」，武州，南朝梁太清四年（550）分荊州置，治所武陵郡武陵縣，在今湖南常德市，後廢。陳天嘉元年（560）復置。

17. 湘州[2]

晉懷帝永嘉元年（307）置，治臨湘，在今湖南長沙市。東晉南朝省、置不常。

18. 徐州[2]

漢武帝十三州部刺史之一，東漢治郯縣，在今山東郯城縣，魏、晉、宋移治彭城縣，在今江蘇徐州市。東晉時移治京口，在今江蘇鎮江市，南朝宋永初二年（421）改為南徐州，以「北徐州」直稱「徐州」，治彭城縣。

19. 揚[3]（楊[3]）州

「揚州」之「揚」，墓誌所見有從手，有從木者。揚州，漢武帝十三刺史部之一，東漢治歷陽，在今安徽和縣；魏晉治壽春，在今安徽壽縣；晉平吳治建業，在今江蘇南京市。

20. 兗州

漢武帝十三州部刺史之一，東漢治昌邑縣，在今山東巨野縣東南。魏晉

移治廩丘，在今山東鄆城縣西，南朝分省不定，劉宋移治瑕丘城，在今山東兗州市。另，宋泰始二年（466）曾僑置兗州於淮陰縣，在今江蘇淮安市西南，南齊改名北兗州。

21. 豫州[8]

漢武帝十三州部刺史之一，東漢治譙，在今安徽亳州市。曹魏移治安城縣，在今河南正陽縣東北南汝河西南岸。西晉移治陳縣，在今河南淮陽縣。永嘉以後遷徙無常，東晉咸和四年（329）僑置，初治蕪湖，在今安徽蕪湖市東，後移治歷陽（今安徽和縣）、壽春（今安徽壽縣）、姑孰（今安徽當塗縣）等地。南朝僑置「豫州」，參見「南豫州」條集釋。

22. 郢州

南朝宋孝建元年（454）置，治夏口城，在今湖北武漢市武昌區。

23. 雍州

《劉襲墓誌》「夫人河南陽翟褚氏成班；⋯⋯祖叔度，雍州刺史」，雍州，東晉孝武帝時在襄陽縣（今湖北襄樊市）僑置。劉宋元嘉二十六年（449）割荊州北部襄陽、南陽、新野、順陽四郡為雍州，而僑郡縣猶寄寓諸郡界。大明元年（457），又分實土郡縣以為僑郡縣境，仍治襄陽縣。〔註27〕

24. 幽州

漢武帝十三州部刺史之一，東漢治薊縣（今北京市西南），西晉移治涿縣（今河北涿州市）。東晉僑置，治三阿（今江蘇金湖縣東南）。淝水戰後復得漢、晉青州故地，改置幽州，鎮廣固，在今山東青州市。

二、郡（國）

1. 安成郡

《劉襲墓誌》「遷明威將軍、安成太守」，據《宋志》，安成郡，孫吳寶鼎二年（267）置，屬揚州，治所在平都縣（今江西安福縣）。

2. 安定郡

梁太清三年（549）《程虔墓誌》「安定南陽白土人也」，安定郡，《彙釋》謂僑治今陝西漢中市境；南齊曾置安定郡，屬寧蠻府，治所在新化縣（今湖北南漳縣西北），後廢。《後魏志》「楚州」條云：「楚州，蕭衍置北徐州，（東魏）武定七年（549）改。治鍾離城。領郡十二，縣二十九。⋯⋯安定

〔註27〕 詳參《彙釋》，第202～205頁。

郡，領縣四，濮陽、臨涇、新豐、南陽。」〔註28〕則墓誌所稱程氏籍貫之「安定」郡係《後魏志》所錄者，治所乏考。此「安定郡」，《大辭典》失載，可據補。

3. 安豐郡

《謝琰墓誌》「琰祖父諱奕，……都督淮南歷陽廬江安豐堂邑五郡諸軍事」，安豐郡，曹魏黃初元年（220）分廬江郡置，屬豫州，治安風縣（今安徽霍丘縣西南），晉安帝省郡爲縣。

4. 北海郡 2

大明八年（464）《劉懷民墓誌》「宋故建威將軍、齊北海二郡太守、笠鄉侯、東陽城主」、元徽二年（474）《明曇憙墓誌》「夫人平原劉氏，父奉伯，北海太守」，皆劉宋「北海郡」。漢景帝時立，劉宋時僑治東陽城，在今山東青州市。特別需要指出的是，《劉懷民墓誌》此條記載，爲《宋志》「（北海郡）寄治州下」提供了新的佐證〔註29〕。

5. 渤海郡 2

渤海，《劉懷民墓誌》「渤海、清河太守」、《明曇憙墓誌》「後夫人勃海封氏」，皆劉宋「渤海郡」。漢高帝時立，屬幽州，至劉宋孝武帝時又僑立，治今山東高青縣東南。

6. 陳國 2、陳郡 8

陳國、陳郡，郡國名，《謝鯤墓誌》（太寧元年，323）「陳（國）陽夏謝鯤幼輿」，《溫式之墓誌》（太和六年，371）「小妹適餘杭令陳國袁矯之，……長女適陳國謝廓……中女適陳國謝遁」，墓誌「陳國」爲兩晉陽夏謝氏、袁氏之郡望。東漢章帝章和二年（88）改淮陽郡爲陳國，治陳縣（今河南淮陽）。西晉武帝太康二年（282），陳國併入梁國。惠帝永康二年（301）或永寧二年（302）梁王司馬肜薨，「還爲陳」，分梁國立陳郡，治今河南沈丘縣〔註30〕。翻檢《晉書》，不乏以「陳國」稱郡望者〔註31〕，然皆可視爲太康二年（282）

〔註28〕 第 2569 頁。
〔註29〕 對於北海郡是否寄治青州城，前人頗有爭論，可參《彙釋》，第 140～141 頁。挍諸劉懷民墓誌，宋時青州治東陽城，劉懷民不僅爲齊、北海之雙頭郡太守，且爲東陽城主，負責青州治所的軍事戍衛，則大明八年（464）北海郡理當寄治青州東陽城。
〔註30〕 可參《彙釋》，第 112 頁。
〔註31〕 例如，《晉書》卷三十三《何曾傳》云：「何曾字穎考，陳國陽夏人也。」（第994 頁）《晉書》卷七十一《陳頵傳》云：「陳頵字延思，陳國苦人也。」

並陳國入梁國之前的追書例。在太康二年（282）以後稱「陳國」，尚見《晉書》卷二十七《五行志上》「雞禍」云：「惠帝元康六年（296），陳國有雞生雄雞無翅。」〔註32〕稱「陳郡」者，則遲至東晉中期，《晉書》卷八《哀帝紀》「興寧二年（364）二月」下云：「又進圍陳郡，太守朱輔嬰城固守。」〔註33〕

以「陳郡」稱郡望者，見於謝鯤之外的東晉中後期至南朝時的謝氏家族墓誌、宋乞墓誌及劉襲墓誌。如泰始五年（469）《劉襲墓誌》「第五弟季，……夫人陳郡陽夏袁氏妙口；……第一姊茂徽，適陳郡長平殷臧，憲郎」，墓誌「陳郡陽夏」、「陳郡長平」，參照《彙釋》相關研究，則此「陳郡」屬僑置者，確址無考，當僑在今安徽合肥市及其周邊一帶〔註34〕。

7. 陳留郡[4]

墓誌所見爲東晉南朝陳留郡雍丘縣周氏、阮氏之郡望。西漢元狩元年（前122）置，屬兗州，治陳留縣（今河南開封縣東南）。西晉改爲陳留國，移治小黃縣（今河南開封縣東北）。西晉末復爲郡，移治倉垣城（今河南開封市西北）。東晉咸康四年（338）僑置，治小黃縣，在今安徽亳州市。另，東晉義熙末另有僑陳留郡，屬南兗州。治濬儀縣，在今安徽壽縣西南，南朝宋屬南豫州，南齊屬豫州。

8. 蒼梧郡[2]

西漢元鼎六年（前111）置，治廣信縣（今廣西梧州市）

9. 長沙國[3]

西漢高帝五年（前202）改長沙郡置，治臨湘縣，在今湖南長沙市。墓誌所見爲劉宋、蕭梁長沙國，屬湘州刺史。

10. 長樂國[2]

墓誌所見爲潘氏、馮氏郡望。西晉太康五年（284）改安平國置，治信都縣，在今河北冀州市。

11. 丹楊郡[14]

西漢元封二年（前109）改鄣郡置，治宛陵縣（今安徽宣城市）。孫吳移治建業，在今江蘇南京市。晉太康元年改建業爲秣陵，丹楊郡治秣陵，在今江蘇南京市南。

〔註32〕 第 827 頁。
〔註33〕 第 208 頁。
〔註34〕 第 98～99 頁。

12. 東海郡[6]

墓誌所見，爲郯縣劉氏、王氏、鮑氏之郡望。秦置，治郯縣，在今山東郯城縣。

13. 東陽郡[4]

孫吳寶鼎元年（266）分會稽郡置，屬揚州，治長山縣，在今浙江金華市。

14. 東莞郡[2]

東漢建安初分琅邪、齊郡置，屬徐州，治所在今山東沂水縣東北。東晉移治莒縣（今山東莒縣）。東晉僑置於晉陵郡（治今江蘇常州市）東南，稱爲南東莞郡，屬南徐州，南齊末廢。

15. 東平郡

西漢甘露二年（前 52）改大河郡置，治所在無鹽縣（今山東東平縣東南）。南朝宋改爲東平郡，屬兗州。

16. 東安郡

東安，故縣名。東漢末建安四年（199）前已析置東安郡，後省。西晉元康七年（297）分東莞郡置東安郡，屬徐州，治蓋縣，在今山東沂源縣東南[註35]。

17. 高平郡（國）[5]

墓誌所見爲郗氏、檀氏、李氏郡望。西晉泰始元年（265）改山陽郡爲高平國，治昌邑縣（今山東巨野縣南）。南朝宋改高平國爲郡，屬兗州，移治高平縣（今山東微山縣西北）。

18. 高密郡（國）

墓誌所見爲孫氏郡望。西漢本始元年（前 73）改膠西郡置高密國，治高密縣，在今山東高密市西南。東漢建武十三年（37）省入北海國。西晉元康十年（300）復置，南朝宋改高密國爲高密郡，屬青州，治桑犢城，在今山東濰坊市東南。

19. 廣陵郡[3]

東漢建武十八年（42）改廣陵國置，治廣陵縣，在今江蘇揚州市西北蜀岡上。東漢末移治射陽縣（今江蘇寶應縣東北）。曹魏移治淮陰縣（今江蘇淮

〔註35〕詳參《彙釋》，第 47 頁。《大辭典》「東安郡」條云：「元康元年（291）分東莞郡置，屬莒州。」東安郡的始置時間與所屬州名，皆誤。

安市西南甘羅城）。東晉時還治廣陵縣。

20. 廣平郡[3]

墓誌所見李氏郡望。西漢景帝中元元年（前 149）分邯鄲郡置，治廣平縣，在今河北雞澤縣東南。徵和二年（前 91）改爲平幹國。五鳳二年（前 56）改爲廣平國。曹魏黃初二年（221）復置廣平郡，仍治廣平縣（今雞澤縣東南）。東晉僑置廣平郡，屬雍州，寄治襄陽（今湖北襄樊市）。南朝宋移治廣平縣（今河南鄧州市東南）。

21. 廣漢郡

西漢高帝六年（前 201）置，初治乘鄉（亦作繩鄉，在今四川金堂縣東），後徙治梓潼縣（今四川梓潼縣）。公孫述改名子同郡。東漢復爲廣漢郡。永初二年（108）移治涪縣（今四川綿陽市東），又徙治雒縣（今四川廣漢市）。西晉泰始二年（266）改爲新都郡，屬梁州。太康六年（285）復爲廣漢郡，治廣漢縣，在今四川射洪縣南。南朝宋屬益州。

22. 桂陽郡[3]

墓誌所見爲南朝王、侯封地。漢高帝置桂陽郡，治所在郴縣（今湖南郴州市），魏晉南朝相沿未改。

23. 河東郡[6]

墓誌所見爲裴氏、衛氏之郡望及溫嶠父歷官「河東太守」。戰國魏置，後屬秦，治所在安邑縣（今山西夏縣西北）。東晉義熙十四年（418）移治蒲阪縣，在今山西永濟市西南。

24. 河南郡[2]

漢高帝二年（前 205）改河南國置，治洛陽縣，在今河南洛陽市東北。東漢、曹魏、西晉建都洛陽，置尹。東晉僑置河南郡，屬雍州，寄治襄陽（今湖北襄樊市漢水南襄陽城）。南朝宋又僑置河南郡，治河南僑縣，在今河南新野縣東北。

25. 河內郡[2]

漢高帝二年（前 205）改殷國置，治懷縣（今河南武陟縣西南）。西晉移治野王縣，在今河南沁陽市。東晉義熙十二年（416）僑置河內郡，屬司州，治洛陽（今河南洛陽市東北），劉宋景平元年（423）廢。

26. 弘農郡

墓誌所見楊氏之郡望。漢武帝元鼎四年（前 113）置，治弘農縣（今河南

靈寶市北故函谷關城）。靈帝劉宏避諱改爲恒農郡。西晉復爲弘農郡。東晉成帝時僑置弘農郡，治所在今江西九江市東，後改爲弘農縣。南朝宋僑置弘農郡，屬雍州，寄治五壠，在今河南鄧州市西。

27. 海陵郡 [2]

東晉義熙七年（411）置，屬徐州，治海陵縣，在今江蘇姜堰市北。南朝宋徙治建陵縣（今江蘇姜堰市北）。蕭梁復移治海陵縣。

28. 淮南郡

《謝琰墓誌》「琰祖父諱奕，……都督淮南歷陽廬江安豐堂邑五郡諸軍事」，淮南郡，曹魏黃初四年（223）改淮南國置，治壽春縣（今安徽壽縣）。東晉成帝咸和初僑置淮南郡，東晉木割丹陽郡之於湖、蕪湖兩縣爲境，屬揚州，治於湖縣，在今安徽當塗縣南。南朝宋屬南豫州，旋屬揚州。

29. 淮陵郡

梁大通三年（529）《蕭子恪墓誌》「起家爲寧朔將軍、淮陵太守」，淮陵郡本漢淮陵縣，晉惠帝永寧元年（301）爲淮陵國。永嘉亂後，淮陵國淪沒石氏，元帝分武進僑立淮陵郡，在今江蘇丹陽市、常州市、武進市一帶〔註36〕。

30. 衡陽國

孫吳太平二年（257）分長沙西部都尉立。梁屬湘州，治湘南縣，在今湖南湘潭縣西南。

31. 建安郡

孫吳永安三年（260）分會稽南部都尉置，屬揚州，治建安縣，在今福建建甌市南。南朝移治今建甌市，東晉、南朝宋屬江州，陳屬豐州。

32. 濟南郡

西漢初分齊郡置，治東平陵縣，在今山東章丘市西。文帝十六年（前164）改爲濟南國。景帝三年（前154）復爲郡。東漢建武十五年（39）又改爲國。西晉初復改爲郡，移治歷城，在今山東濟南市。

33. 濟陰郡 [3]

墓誌所見東晉卞氏之郡望。西漢建平二年（前5）改定陶國置，治定陶縣，在今山東定陶縣西北。東漢屬兗州。東晉僑置濟陰郡，治睢陵縣，在今江蘇睢寧縣。

〔註36〕詳參《彙釋》，第33～34頁。

34. 濟陽郡 [3]

墓誌所見爲東晉南朝虞氏、蔡氏、江氏之郡望。西晉惠帝分陳留國置濟陽國，治濟陽縣，在今河南蘭考縣東北。東晉改稱濟陽郡，明帝時僑置於今江蘇鎮江、無錫二市間。按《宋志》，濟陽太守「領縣二。……考城令，……鄧城令。」然據南朝初年的《蔡冰墓誌》「濟陽圉蔡冰，字道堅」、劉宋泰始五年（469）《劉襲墓誌》「第五姊茂容，適蘭陵蕭瞻，……重適濟陽圉蔡康之」，則南朝宋時僑濟陽郡領縣有三：考城、鄧城、圉。此可補《宋志》之闕。

35. 濟北郡

秦置，治博陽，在今山東泰安市東南舊縣。西漢初改置濟北國。後國除屢改爲郡，不久復爲國。南朝宋改濟北國爲郡，屬兗州，徙治蛇丘縣，在今山東肥城市東南。

36. 晉安郡

西晉太康三年（282）分建安郡置，屬揚州，後屬江州，治侯官縣，在今福建福州市。南朝宋泰始四年（468）改晉平郡，七年（471）復名晉安郡。

37. 晉源（原）郡

《程虔墓誌》「梁故威猛將軍諮議參軍、益昌縣開國男、宋新巴晉源三郡太守程虔」，《晉志》、《宋志》、《後魏志》、《隋志》均不載「晉源郡」，而有「晉原郡」，疑墓誌誤「原」作「源」。晉原郡，東晉永和三年（347）改成漢之漢原郡置，屬益州，治江原縣，在今四川崇州市西北，《南齊志》誤作「晉康郡」〔註37〕。

38. 江夏郡 [2]

西漢高帝六年（前 201）置，治西陵縣，在今湖北新洲縣西。曹魏嘉平三年（251）徙治上昶城，在今湖北雲夢縣西南。西晉徙治安陸縣，在今安陸市北。南朝宋孝建元年（454）徙治夏口城，在今湖北武漢市武昌城區，後廢。

39. 會稽郡 [5]

秦始皇二十五年（前 222）置，治吳縣，在今江蘇蘇州市。東漢永建四年（129）徙治山陰縣，在今浙江紹興市。東漢末屬揚州。南朝宋屬東揚州。齊屬揚州，梁復屬東揚州。

〔註37〕 詳參《彙釋》，第 265 頁。

40. 琅邪郡

墓誌通常作「琅耶」[18]、偶見「瑯瑘」[2]，僅金石著作著錄之《劉襲墓誌》作「琅邪」，恐係後人所改。琅邪郡，秦置，治琅邪縣，在今山東膠南市西南琅邪鎮。西漢移治東武縣（今山東諸城市）。東漢建初五年（80）改琅邪國，移治開陽，在今臨沂市北。東晉僑置，復改爲郡，初無實土，寄居今江蘇句容縣境。咸康元年（335），始割丹陽郡之江乘縣地爲實土，治蒲州金城，在今江蘇句容縣西北。南朝宋改爲南琅邪郡。

41. 蘭陵郡[3]、南蘭陵郡

墓誌所見爲蕭氏郡望。西晉元康元年（291）分東海郡置，屬徐州，治丞縣，在今山東棗莊市南。南朝宋移治昌慮縣，在今山東滕州市東南。又，東晉太興初僑置蘭陵郡，屬南徐州，治蘭陵縣，在今江蘇武進縣西北。南朝宋改爲南蘭陵郡。南齊末併入南琅邪郡。

42. 臨海郡

孫吳太平二年（257）分會稽郡置，屬揚州，治臨海縣，在今浙江臨海市。尋徙治章安縣，在今台州市椒江區章安鎮。

43. 歷陽郡

西晉永興元年（304）分淮南郡置，屬揚州，治歷陽縣，在今安徽和縣。劉宋永初二年（421）於郡置南豫州。

44. 廬江郡[6]

楚漢之際分秦九江郡置，漢武帝後治舒，在今安徽廬江縣西南，東漢末廢。曹魏置廬江郡，屬揚州，治六安縣，在今安徽六安市北；孫吳所置廬江郡治皖縣，在今潛山縣。西晉統一後，將孫吳廬江郡併入，移治舒縣，在今舒城縣。南朝宋屬南豫州，移治潛縣，在今霍山縣東北。南齊建元二年（480）移治舒縣。梁移治廬江縣，在今廬江縣，屬湘州。

45. 廬陵郡[5]

東漢興平二年（195）孫策分豫章郡置，屬揚州，治石陽縣，在今江西吉安市東北。孫吳移治高昌縣，在今江西泰和縣西北。西晉太康中復徙治石陽縣。

46. 略陽郡

西晉泰始中改廣魏郡置，屬秦州，治臨渭縣，在今甘肅天水市東北渭水北岸。

47. 樂安郡[2]

東漢本初元年（146）改樂安國置，治高苑縣，在今山東鄒平縣東北苑城。西晉初改爲樂安國，元康中復爲郡。南朝宋移治千乘縣，在今山東廣饒縣。南朝梁僑置樂安郡，屬霍州，治樂安縣，在今安徽霍山縣東。

48. 南陽郡[4]

戰國秦昭襄王三十五年（前272）置，治宛縣，在今河南南陽市。西晉改爲南陽國，南朝宋復爲南陽郡。東晉僑置南陽郡，屬梁州，治南陽縣，在今四川什邡縣西。南朝梁僑置南陽郡於今湖北穀城縣東南，另置有南陽郡治建昌縣，在今湖北辰溪縣西北。

49. 南康郡（國）[2]

西晉太康三年（282）置，治雩都縣，在今江西於都縣東北。東晉永和五年（349）移治贛縣，在今江西贛州市西南，義熙七年（411）徙治葛姥城，在今贛州市東北。南朝宋永初元年（420）改爲南康國。《大辭典》謂南齊永明初復爲南康郡〔註38〕，然宋泰始五年（469）《劉襲墓誌》「第一姊茂徽，適陳郡長平殷臧，憲郎；父元素，南康太守」，稱「南康太守」，而非《彙釋》「南康公相」〔註39〕，則劉宋泰始時已改稱南康郡。梁承聖元年（552）徙治今贛州市西南。

50. 南海郡

秦始皇三十三年（前214）置，治番禺，在今廣東廣州市。秦、漢之際地入南越國，西漢元鼎六年（前111）滅南越國復置。魏晉南朝沿而未改。

51. 鄱陽郡

東漢建安十五年（210）孫權分豫章郡置，治鄱陽縣，在今江西波陽縣東北。孫吳赤烏八年（245）移治吳芮故城（今波陽縣）。晉移治廣晉縣，在今波陽縣北，南朝齊復治鄱陽縣（今波陽縣）。

52. 平昌郡[2]

墓誌所見爲安丘孟氏郡望。曹魏置，治平昌縣，在今山東諸城市西北，尋廢。晉惠帝時復置，治安丘縣，在今山東安丘市西南。

53. 平原郡

西漢初置，治平原縣，在今山東平原縣西南。東漢永寧元年（120）改爲

〔註38〕 第 1817 頁。
〔註39〕 第 127 頁。

平原國。建安十一年（206）復爲郡。西晉改爲國，南朝宋又改爲郡。東晉僑置平原郡，初寄治歷城，後移治梁鄒城，在今山東鄒平縣東北〔註40〕。

54. 彭城國（郡）[4]、南彭城郡

墓誌所見爲劉氏、曹氏郡望及劉岱祖父之歷官「彭城內史」。彭城國，西漢地節元年（前 69）改楚國置，治彭城縣，在今江蘇徐州市。黃龍元年（前 49）復爲楚國。東漢章和二年（88）又改爲彭城國。南朝宋永初二年（421）復爲彭城郡。東晉元帝分武進僑置南彭城郡，宋大明四年（460）以南下邳郡、南沛郡併入，在今江蘇鎮江市、丹陽市、常州市一帶。

55. 清河郡[5]

墓誌所見爲崔氏郡望與劉懷民歷官「清河太守」。西漢高帝置，治清河縣，在今河北清河縣東南。東漢桓帝時改爲清河國，移治甘陵縣，在今山東臨清市東北。曹魏復爲清河郡。西晉爲清河國，治清河縣，在今臨清市東。

56. 譙國[5]

墓誌所見爲桓氏、陳氏郡望。曹魏黃初元年（220）改譙郡置，治譙縣，在今安徽亳州市。旋復爲郡，屬豫州。西晉復爲譙國。

57. 齊郡[2]

墓誌所見爲劉宋大明八年（464）《劉懷民墓誌》「齊北海二郡太守」、元徽二年（474）《明曇憙墓誌》「伯恬之，齊郡太守。」齊郡，本爲青州治所，在今山東淄博市東臨淄區北，爲秦置，或稱西漢改臨淄郡置。旋改爲齊國，元封元年（前 110）復爲郡。東漢改爲國。東晉時又改爲郡。義熙五年（409），劉裕收復漢魏青州故地，置北青州，治東陽城，在今山東青州市，而僑立廣陵南青州如故。後省南青州，而北青州直曰青州。宋孝建三年（456）至大明八年（464），貼治歷城，在今山東濟南市。太明八年（464），還治東陽。泰始五年（469）青州地入北朝，而與冀州合僑置於鬱州，在今江蘇連雲港市。作爲青州治所的齊郡，其寄治情況亦當變動如此。

58. 始安郡[4]

孫吳甘露元年（265）分零陵郡置，屬廣州，治始安縣，在今廣西桂林市。南朝宋改爲始建國，齊復爲始安郡，屬湘州。梁大同六年（540）於郡置桂州。

〔註40〕詳參《彙釋》，第 146～147 頁。

59. 蒼梧郡 [2]

西漢元鼎六年（前 111）置，治廣信縣，在今廣西梧州市。晉屬交州，宋屬廣州。

60. 順陽郡

墓誌所見爲南朝宋初范氏郡望。西晉太康中改南鄉郡置，屬荊州，治酇縣，在今湖北老河口市西北。東晉咸康四年（338）復名南鄉郡，後復爲順陽郡。南朝宋屬雍州，治南鄉縣，在今河南淅川縣南。

61. 隨郡

南齊改隨陽郡置，屬司州，治隨縣，在今湖北隨州市。

62. 宋郡

梁太清三年（549）《程虔墓誌》「宋、新巴、晉源三郡太守」，然遍檢《漢志》以下至《隋志》諸正史地理志皆不載「宋郡」，疑墓誌誤刻。

63. 壽陽郡（國）

《南齊志》下梁州有壽陽郡，「荒或無民戶」。南朝梁大同二年（536）置壽陽郡，屬萬州，治所在今四川達縣或宣漢縣境。梁普通元年（520）《永陽敬太妃王氏墓誌》「父儼，左將軍司馬、壽陽內史」，則壽陽郡當改自壽陽國，可補史闕。

64. 太原郡（國）[6]

墓誌所見爲王氏、溫氏、郭氏郡望。戰國秦莊襄王四年（前 246）置，治晉陽縣，在今山西太原市西南。西漢文帝時改爲國，尋復爲郡。西晉又爲國。

65. 太（泰）山郡

楚漢之際劉邦改博陽郡置，治博縣，在今山東泰安市東南。後移治奉高縣，在今泰安市東北。

66. 堂邑郡

西晉永興元年（304）置，屬徐州，治堂邑縣，在今江蘇南京市六合區北。東晉安帝時改爲秦郡。

67. 吳郡（國）[5]

墓誌所見既稱郡望，如《張鎭墓誌》「吳國吳張鎭」、《王寶玉墓誌》「吳郡嘉興縣曇溪里人也」，以及人物歷官「吳國內史」、「吳郡太守」。吳郡，西漢初以會稽郡治所在吳縣，故亦稱吳郡。東漢永建四年（129）分會稽郡置吳郡，治吳縣，在今江蘇蘇州市。南朝梁太清三年（549）改爲吳州。結合出土

墓誌與傳世文獻如《晉書》等「吳國」的稱名〔註41〕，則兩晉似曾改吳郡爲吳國，惜未見其省置時限相關材料，故暫付闕如。

68. 魏郡

墓誌所見爲李氏郡望。西漢高帝十二年（前195）置，治鄴縣，在今河北臨漳縣西南。西晉屬司州。東晉咸康四年（338）僑置魏郡，寄居京邑，在今江蘇南京市附近。南朝宋元嘉二十年（443）廢。劉宋亦曾僑置魏郡，屬冀州，治歷城，在今山東濟南市。

69. 武陵郡

西漢高帝改黔中郡置，治義陵縣，在今湖南漵浦縣南。東漢移治臨沅縣，在今湖南常德市。

70. 西河郡

墓誌所見爲宋氏郡望。西漢元朔四年（前125）置，治平定縣，在今內蒙古伊金霍洛旗東南。東漢永和五年（140）移治離石縣，在今山西離石縣。曹魏黃初二年（221）移治茲氏縣，在今山西汾陽縣。後遷治離石縣。西晉改爲西河國，後廢。

71. 湘東郡 ²

孫吳太平二年（257）置，治酃縣，在今湖南衡陽市東。東晉太元二十年（395）移治臨烝縣，在今衡陽市。

72. 潯（尋）陽郡

升平四年（360）《周闔墓誌》「妻活，晉潯陽太守……小女」，「晉潯陽太守」當係「晉尋陽太守」之誤。尋陽郡，晉惠帝永興元年（304）分廬江之尋陽、武昌之柴桑二縣置，治尋陽縣，在今湖北黃梅縣西南。東晉咸和中移治柴桑縣，在今江西九江市西南。

73. 新安郡

梁天監十三年（514）《王纂韶墓誌》「祖深，新安太守」，新安郡，西晉太康元年（280）改孫吳新都郡置，屬揚州，治始新縣，在今浙江淳安縣西北新安江北岸，現已沒入千島湖。

74. 新巴郡

東晉安帝時分巴西立，屬梁州。治新巴縣，在今四川青川縣西南，一說

〔註41〕《晉書》稱「吳國」者有數例，如卷七七《蔡謨傳》「吳國內史庾冰出奔會稽」、卷七三《庾義傳》「初爲吳國內史」，等等。

在今四川江油市東北雁門。

75. 盱眙郡

東晉義熙七年（411）置，屬南兗州，治盱眙縣，在今江蘇盱眙縣東北。劉宋曾爲南兗州治。蕭齊爲北兗州治。陳爲北譙州治。

76. 宣城郡

西晉太康二年（281）分丹陽郡置，屬揚州，治宛陵縣，在今安徽宣州市。南齊屬南豫州。

77. 下邳郡

墓誌所見爲趙氏郡望。東漢建安十一年（206）改下邳國置，屬徐州，治下邳縣，在今江蘇睢寧縣西北。西晉太康初復爲國。南朝宋復改爲郡。

78. 豫章郡（國）[3]

西漢高帝六年（前201）分九江郡置，治南昌縣，在今江西南昌市東。西晉武帝太熙元年（290）始封司馬熾（晉懷帝）爲豫章王，改豫章郡爲豫章國，至永嘉五年（311）豫章王司馬端被執，國除。至東晉初年復爲豫章郡。豫章改郡爲國事，詳見本書第二章《謝鯤墓誌》校釋，《晉志》失載，可補史闕。

79. 潁川郡[6]

墓誌所見爲庾氏、陳氏、武氏郡望。秦始皇十七年（前230）置，治陽翟縣，在今河南禹州市。西漢高帝五年（前202）改爲韓國。六年（前201）復爲潁川郡。曹魏黃初二年（221）徙治許昌縣，在今河南許昌市東。東晉僑置潁川郡，屬豫州，治邵陵縣，在今安徽巢湖市東。南朝宋屬南豫州。

80. 宜都郡[2]

墓誌所見爲東晉寧康三年（375）《李纂墓誌》、劉宋泰始五年（469）《劉襲墓誌》之歷官「宜都太守」。東漢建安十四年（209）劉備改臨江郡置宜都郡，屬荊州，治夷陵縣，在今湖北宜昌市東南長江北岸。南朝宋移治夷道縣，在今湖北枝城市。

81. 永嘉郡

墓誌所見爲東晉人物歷官「永嘉太守」。東晉太寧元年（323）分臨海郡置，屬揚州，治永寧縣，在今浙江溫州市。

82. 永陽郡[2]

墓誌所見爲蕭敷追贈的封地。南朝梁營陽郡置，治營浦縣，在今湖南道

縣西北。

83. 義陽郡 [2]

三國魏文帝時置，屬荊州，治安昌縣，在今湖北棗陽縣南。後廢。東晉末改義陽國復置，移治平陽縣，在今河南信陽市。南朝宋屬南豫州，後爲司州治。南齊改爲北義陽郡，《蕭敷墓誌》「出爲建威將軍、隨郡內史。……時獫狁侵逼義陽，四山卒相影響」，「義陽」即指此北義陽郡。梁爲司州治。

84. 淯陽郡

東晉置，治育（淯）陽縣，在今河南南陽縣南。後廢。

85. 義興郡 [3]

西晉永興元年（304）置，屬揚州，治陽羨縣，在今江蘇宜興市。

86. 中山郡（國）

墓誌所見爲劉氏郡望。中山郡，西漢高帝置，治盧奴縣，在今河北定州市。景帝改爲中山國，魏晉相沿未改。

三、縣（國）

1. 安丘縣 [2]

西漢置。高帝八年（前199）封張說爲侯國，後爲縣，屬北海郡。治所在今山東安丘市西南。東漢建武五年（29）封張步爲侯國，後爲縣，屬北海國。西晉屬東莞郡，惠帝時於此置平昌郡。

2. 博昌縣

西漢置，屬千乘郡，治所在今山東博興縣東南。東漢屬樂安國。南朝宋移於今壽光市北，屬樂安郡。

3. 巴山縣

梁普通三年（522）置，屬臨川郡，治所在今江西樂安縣東北。大同二年（536）爲巴山郡治。陳光大年間屬巴山郡。

4. 成陽縣

西漢改城陽縣爲成陽縣，屬濟陰郡，治所在今山東荷澤市東北。西晉復改城陽縣，屬濟陽郡。然墓誌稱「成陽卞公墓誌」，不作「城陽」。《校注》核之《續漢志》、《漢志》、《水經注》、《輿地廣記》等文獻後，稱「城陽」似爲「成陽」〔註42〕。南朝宋僑置「城陽縣」於今江蘇鎮江、無錫二市間，屬南

〔註42〕　第 41 頁。

濟陰太守〔註43〕。

　　5. 長社縣

　　秦置，屬潁川郡。治所在今河南長葛縣東北。

　　6. 長山縣

　　東漢初平三年（192）分烏傷縣置，屬會稽郡，治所在今浙江金華市。孫吳寶鼎元年（266）爲東陽郡治。晉因之。南朝陳爲金華郡治。

　　7. 長平縣

　　西漢置，屬汝南郡。治所在今河南西華縣東北。東漢屬陳國。西晉初廢。永康元年（300）復置，屬潁川郡。南朝宋屬陳郡。

　　8. 常樂縣

　　三國吳末置，屬九眞郡。治所在今越南清化省清化東南。

　　9. 柴桑縣

　　西漢置，屬豫章郡。治所在今江西九江縣南。孫吳屬江夏郡。東晉爲尋陽郡及江州治。

　　10. 丹徒縣

　　秦置，屬會稽郡，治所在今江蘇鎭江市東。東漢屬吳郡。孫吳嘉禾三年（234）改爲武進縣。西晉太康二年（281）復名丹徒縣，爲毗陵郡治〔註44〕。

　　11. 東昌縣

　　孫吳分廬陵縣置，屬廬陵郡，治所在今江西吉安縣東南。

　　12. 東安縣

　　東漢改東安侯國置，屬琅邪國，治所在今山東沂南縣北。東安縣似於太康元年（280）東莞郡復置時暫屬，旋還；太康十年東莞郡復置，東安縣再屬焉。元康七年（297）移屬東安郡〔註45〕。

　　13. 肥鄉縣

　　曹魏黃初二年（221）置，屬廣平郡，治所在今河北肥鄉縣西。西晉因之。《宋志》云晉成帝咸康四年（338）僑立魏郡，領有僑「肥鄉」縣，《彙釋》稱「肥鄉縣，僑治今山東濟南、章丘二市間。」〔註46〕

〔註43〕　可參《彙釋》，第38～39頁。
〔註44〕　可參《校注》，第188頁。
〔註45〕　詳參《校注》，第148～149頁。
〔註46〕　第149～150頁。

14. 贛縣 [2]

西漢高帝六年（前 201）置，屬豫章郡，治所在今江西贛州市西。孫吳屬廬陵郡。西晉屬南康郡。東晉永和五年（349）爲南康郡治，義熙七年（411）徙治葛姥城，在今贛州市東北。南朝宋爲南康國治。南齊復爲南康郡治。梁承聖元年（552）徙治今贛州市南。

15. 廣平縣 [3]

西漢置，爲廣平國治，治所在今河北雞澤縣東南。東漢屬鉅鹿郡。西晉後廢。東晉僑置廣平縣於朝陽縣，屬廣平郡，治所在今河南鄧州市東南。南朝宋爲廣平郡治。南齊屬廣平郡。

16. 鬲（鬲）縣

秦置，屬濟北郡，治所在今山東平原縣西北。西漢屬平原郡。東漢建武十三年（37）曾封爲侯國，後復爲縣。西晉屬平原國。東晉置鬲縣，屬平原郡，治所在今山東鄒平縣東北苑城。《校注》檢宋本《漢書》、《後漢書》、《左傳·襄公四年》杜注皆作「鬲」，而中華書局標點本《漢書》、《後漢書》、《晉書》皆作「鬲」，以後者失校，並引《晉書音義》云「鬲，音革」，今音 gé，是 [註 47]。另，《世說新語·術解第二十》云：「桓公有主簿善別酒，有酒輒令先嘗。好者謂『青州從事』，惡者謂『平原督郵』。青州有齊郡，平原有鬲（當作「鬲」，下同，筆者案）縣。『從事』，言到臍；『督郵』，言在鬲（鬲）上住。」 [註 48] 亦可證「鬲」之音 gé。

17. 勾（句）容縣

《劉岱墓誌》「始創墳塋於揚州丹楊郡勾容縣南鄉糜里龍窟山北」，「勾」、「句」相通，句容縣，西漢置，屬丹陽郡，治所在今江蘇句容市。兩晉南朝沿而未改。

18. 河陽縣

《宋乞墓誌》「亡父遠，本郡主簿、河內郡河陽縣右尉」，河陽縣，據《晉志》，西漢置，屬河內郡，治在今河南孟縣西。《大辭典》云：「西晉末廢。」當指西晉末司州淪沒、河內失陷而廢置。檢《宋志》有「河陽令」，確址無考，屬「南天水太守」，《彙釋》稱當作「阿陽」 [註 49]。

〔註47〕 第 65 頁。
〔註48〕 余嘉錫：《世說新語箋疏》，第 833 頁。
〔註49〕 第 222 頁。

又《宋志》「寧州刺史」下有「西河陽太守」、「東河陽太守」，晉懷帝永嘉五年（311）置東河陽郡，治東河陽縣，治所在今雲南大理市東鳳儀鎮；東晉成帝時分河陽郡立西河陽郡，治比蘇縣，以今雲南雲龍縣境。對此，《彙釋》以爲「西河陽郡」應是「西河郡」，中華書局點校本據《南齊志》誤補「陽」字，並指出：「蓋晉成帝時分河陽郡西部立西河郡，而原河陽郡也改稱東河陽郡」，同時還引《水經・溫水注》「後立河陽郡，治河陽縣」熊會貞按語：「考《華陽國志》四，河陽郡寧州刺史王遜分雲南立，郡治河陽縣。……《宋》、《齊志》謂之東河陽郡東河陽縣」，以及清儒與《地圖集》等相關研究成果，得出結論：「據此，則先有河陽郡，東晉始分立爲東河陽郡（治東河陽）、西河陽郡（治樑楡）」〔註50〕。綜上，則河內郡河陽縣淪沒之後，西晉懷帝永嘉五年（311）曾置河陽郡（或東河陽郡），治河陽縣（或東河陽縣），至東晉成帝時又分立西河陽郡，而此河陽郡河陽縣（或東河陽郡東河陽縣）、西河陽郡，均與西漢至晉末向置之河內郡河陽縣無涉，應該是事實。且河內郡河陽縣廢置應在懷帝永嘉五年（311）之前。

19. 華縣

西漢置，屬泰山郡，治所在今山東費縣東北。東漢併入費縣。曹魏屬兗州泰山郡，西晉屬琅邪國。後廢。東晉太和六年（371）《溫式之墓誌》「葬琅耶郡華縣白石崗」，墓葬發現於今南京市北郊郭家山，此「琅耶郡華縣」係指東晉僑置之南琅邪郡華縣。然據《宋志》，南琅邪郡於東晉元帝太興三年（320）僑置，寄治於丹陽郡懷德縣，無實土。成帝咸康元年（335），割丹陽之江乘縣境立郡置實土，又分江乘地立臨沂縣，至宋初有陽都、費、即丘、臨沂、江乘五縣。僑置琅邪郡從有實土至宋初近百年，而傳世文獻所載其領諸縣中並不含「華縣」，則《溫式志墓誌》可補史闕。

20. 海鹽縣

秦置，屬會稽郡，治所在今上海市金山縣東南。西漢末縣城淪於柘湖，徙治武原鄉，在今浙江平湖市東。東漢永建二年（127）又陷爲當湖，徙治故邑城，在今平湖市乍浦鎮東南海中。永建四年（129）改屬吳郡。東晉咸康七年（341）移治馬嗥城，在今浙江海鹽縣東南隅。

〔註50〕 第 289、290 頁。然核之《地圖集》第四冊「東晉」（太元七年，382），「河陽郡」與「西河陽郡」並列，「西河陽郡」亦不作「西河郡」，《彙釋》所論略失之。

21. 建康縣[8]

西晉建興元年（313）改建鄴爲建康，爲丹陽郡治，治所在今江蘇南京市。東晉、南朝皆建都於此。

22. 建昌縣[3]

墓誌所見爲東晉人物封地，如高崧「建昌伯」。東漢永元十六年（104）分海昏縣置，屬豫章郡，治所在今江西奉新縣西。南朝宋元嘉二年（425）移治廢海昏城，在今江西永修縣西北。

23. 建陵縣

孫吳甘露元年（265）置，屬蒼梧郡，治所在今廣西荔浦縣西南。西晉屬始安郡。南朝宋屬始建國。齊改爲建陵左縣，梁復改爲建陵縣。

24. 嘉興縣[2]

孫吳赤烏五年（242）改禾興縣置，屬吳郡，治所在今浙江嘉興市南。

25. 界（介）休縣

界休縣，秦置，屬太原郡，治所在今山西介休市東南。《晉志》作「介休」。《大辭典》謂西晉改「界休」爲「介休」；《校注》引《水經注》以證「介休」似因「介山」之名而以「界休」爲「介休」〔註51〕。

26. 吉陽縣

孫吳分廬陵縣置，屬廬陵郡，治所在今江西永豐縣東南。

27. 晉陽縣

秦莊襄王二年（前248），取趙晉陽邑置，秦爲太原郡治，治所在晉陽城，在今山西太原市西南。兩漢、曹魏皆屬太原郡，東漢後兼爲并州治所。晉屬太原國，亦爲并州治所。

28. 江寧縣[3]

西晉太康元年（280）分秣陵縣置臨江縣，二年（281）改臨江縣置江寧縣，屬丹陽郡，治所在今江蘇南京市江寧區西南江寧鎮。

29. 江乘縣

秦置，屬鄣郡，治所在今江蘇句容縣北。西漢屬丹陽郡。孫吳省爲典農都尉治。西晉太康元年（280）復置，咸康元年（335）改屬南琅邪郡。

30. 莒縣

秦置，屬琅邪郡，治所即今山東莒縣。西漢文帝二年（前178）置城陽國，

以莒爲都。東漢屬琅邪國。三國魏屬城陽郡。西晉爲城陽郡治。東晉僑置莒縣，屬南東莞僑郡，治所在今江蘇常州市、武進市一帶，《劉岱墓誌》「南徐州東莞郡莒縣都鄉長貴里」之莒縣，即此。

31. 康樂縣 [2]

西晉太康元年（280）改陽樂縣置，屬豫章郡，治所在今江西萬載縣東北。

32. 考城縣

《劉襲墓誌》「第六姊茂源，適濟陽考城江遜，……夫人濟陽考城江氏景姞」，考城縣，東漢章帝時改甾縣置，屬陳留郡，治所在今河南民權縣東北。西晉初廢，後復置，屬濟陰郡。東晉僑置考城縣，在今江蘇鎮江、無錫二市間，屬濟陽郡。

33. 蘭陵縣 [3]

戰國楚置，治所即今山東蒼山縣西南蘭陵鎮。秦屬東海郡，南朝宋省入丞縣。東晉太興初僑置蘭陵縣，爲蘭陵僑郡治，治所在今江蘇武進縣西北萬綏鎮。南朝宋爲南蘭陵郡治。梁移治今江蘇丹陽市東。

34. 臨沂縣 [16]

西漢置，屬東漢郡，治所在今山東費縣東臨沂莊。東漢改屬琅邪國。南朝宋省。東晉成帝咸康元年（335）分江乘縣地僑置臨沂縣，屬僑琅邪郡，治所今江蘇南京市東北棲霞山之西，北臨長江。南齊永明中移治白下城，在今南京市金川門外。陳太建十年（578）改屬建興郡。

35. 臨澧縣

西晉太康四年（283）改充縣置，屬天門郡，治所即今湖南桑植縣。南朝梁以後廢。

36. 臨渭縣

曹魏置，爲廣魏郡治，治所在今甘肅天水市東北，南臨渭水。

37. 藍田縣

戰國秦獻公六年（前379）置，治所在今陝西藍田縣西。秦屬內史。漢屬京兆尹。晉屬京兆郡。南朝宋大明元年（457）僑置藍田縣，屬華山僑郡，治所在今湖北襄陽縣南境。

38. 溧陽縣

秦置，屬鄣郡，治所在今江蘇溧陽市西北。漢屬丹陽郡。東漢移治今高

淳縣東固城鎮。孫吳廢。西晉太康元年（280）復置。

39. 龍編縣

西漢置，屬交趾郡，治所在今越南河北省仙遊縣東。東漢爲交趾郡治。孫吳黃武五年（226）又爲交州治。

40. 龍亢（亢）縣

西漢置，屬沛郡，治所在今安徽懷遠縣西北龍亢鎮。南朝梁普通六年（525）於此置龍亢郡。東晉僑置龍亢縣，屬歷陽郡，治所在今安徽含山縣西南。

41. 呂縣[2]

西漢置，屬楚國，治所在今江蘇徐州市銅山區東南呂梁集。東漢、曹魏、兩晉屬彭城國，南朝宋屬彭城郡。

42. 秣陵縣[3]

秦始皇三十七年（前210）改金陵邑置，屬會稽郡，治所即今江蘇南京市江寧區南秣陵鎮。西漢屬丹楊郡。東漢建安十七年（212）孫權自京口（今江蘇鎮江市）徙治於此，改名建業，移治今南京市。西晉太康元年（280）滅吳，復名秣陵；三年（282）分淮水（今秦淮河）南爲秣陵縣，北爲建鄴縣。東晉義熙九年（413）移治京邑，在斗場柏社（今南京市武定橋東南）。元熙元年（419）移治揚州府禁防參軍署，在今南京市中華門外故報恩寺附近。

43. 涅陽縣[4]

西漢高帝七年（前200）置涅陽侯國，後置縣，屬南陽郡，治所即今河南鄧州市東北穰東鎮。西晉屬南陽國，治所沿而未改。

44. 南沙縣

東晉咸康七年（341）置，屬晉陵郡，治所在今江蘇常熟市西北。

45. 平原縣[2]

秦置，屬濟北郡，治所在今山東平原縣西南張官店。西漢爲平原郡治，東漢爲平原國治，建安十一年（206）復爲郡治，兩漢屬青州。西晉又爲平原國治，屬冀州。南朝宋僑置平原縣，屬僑平原郡，在今山東鄒平縣東南。《劉懷民墓誌》「青州平原郡平原縣都鄉吉遷里」，追溯至漢代平原縣之隸屬。

46. 平陽縣

劉宋泰始五年（469）《劉襲墓誌》「妃高平平陽檀氏」，平陽縣，本秦置縣，屬薛郡，西漢改稱南平陽縣，屬山陽郡。晉爲南平陽侯國，屬高平國。南朝宋復改名平陽縣。《宋志》「高平太守」屬縣有「平陽縣」，《彙釋》云：「《漢

志》上山陽郡、《續漢志》三兗州山陽郡、《晉志》上兗州高平國並作『南平
陽』」，「平陽縣，治今山東鄒城市」〔註52〕。

47. 平陵縣

西漢昭帝置，屬右扶風，治所在今陝西咸陽市西北。曹魏改名始平縣。
西晉永興元年（304）分永世縣置平陵縣，屬義興郡，治所在今江蘇溧陽縣
西北。另，西晉曾改東平陵縣爲平陵縣，屬濟南郡，治所在今山東章丘市
西北。

48. 濮陽縣

秦置，爲東郡治，治所在今河南濮陽縣西南。西晉爲濮陽國治。南朝宋
僑置濮陽縣，屬陽平郡，治所在今江蘇徐州市銅山區西北。

49. 祁縣 [2]

春秋晉置，治所在今山西祁縣東南祁城。西漢屬太原郡。西晉屬太原
國。

50. 潛（灊）縣 [2]

西漢置灊縣，屬廬江郡，治所在今安徽霍山縣東北。東漢改灊縣爲潛
縣。西晉復爲灊縣。南朝宋爲廬江郡治。南齊屬廬江郡。後廢。

51. 譙縣

秦改焦邑置，屬泗水郡，治所即今安徽亳州市。西漢屬沛郡，東漢屬沛
國。曹魏黃初元年（220）立爲譙國。東晉咸康四年（338）改爲小黃縣，僑
置譙縣屬南譙郡，治所在今安徽巢湖市、無爲縣一帶。後廢。

52. 始興 [2]

孫吳永安六年（263）置，屬始興郡，治所在今廣東始興縣西北。兩晉屬
廣州，據《孟府君墓誌》「始興相」，東晉似曾爲侯國。南朝宋屬湘州。南朝
梁爲安遠郡治，移治正階縣，在今始興西。另，南朝宋置始興縣，屬巴渠郡，
治所在今四川達縣南。南齊以後廢。

53. 山陰縣 [2]

秦置，屬會稽郡，治所即今浙江紹興市，以在會稽山之北而得名。東漢
永建四年（129）爲會稽郡治。南朝陳與會稽縣同爲會稽郡治。

54. 司吾縣

西漢置，屬東海郡，治所在今江蘇新沂市南。東漢改爲司吾侯國，屬下

〔註52〕 第75頁。

邳國。曹魏復爲司吾縣。西晉改屬臨淮郡，後又改屬睢陵郡。劉宋後廢帝元徽五年改爲桐梧縣，順帝昇明元年（477）復改爲司吾縣〔註53〕。

55. 郯縣[2]

秦置，爲東海郡治，治所在今山東郯城縣北門外。曹魏改爲侯國。西晉復爲縣，仍爲東海郡治。東晉元帝僑置郯縣，爲東海郡治，初治今江蘇常熟市北境。永和中郯縣寄治京口（今江蘇鎮江市），爲南東海郡治。

56. 洮陽縣（侯國）[2]

西漢置，屬零陵郡，治所在今廣西全州縣西北。南朝宋有「洮陽侯相」，屬零陵國〔註54〕。齊復屬零陵郡。

57. 吳縣[2]

春秋時吳國都城。秦置縣，爲會稽郡治，治所即今江蘇蘇州市。東漢爲吳郡治。孫吳、兩晉、南朝宋、齊，沿而未改。南朝梁太清二年（549）爲吳州治。

58. 吳興縣

孫吳永安三年（260）改漢興縣置，屬建安郡，治所即今福建浦城縣。

59. 萬壽縣

西晉置，爲牂牁郡治，治所在今貴州甕安縣東北，南齊屬南牂牁郡。梁以後廢。

60. 武原縣

西漢置，屬楚國，治所在今江蘇邳州市西北。東漢屬彭城國。南朝宋初僑置武原縣，屬南彭城郡，在今江蘇鎮江市、丹陽市、常州市一帶〔註55〕。

61. 熒（滎）陽縣

秦置，屬三川郡，治所在今河南鄭州市西北。西漢屬河南郡。曹魏正始三年（242）爲滎陽郡治。

62. 西昌縣

孫吳分廬陵縣置，屬廬陵郡，治所在今江西泰和縣西。

63. 湘南縣

秦置，屬長沙郡，治所在今湖南湘潭縣西南。西漢屬長沙國，東漢爲湘

〔註53〕　《彙釋》，第34頁。
〔註54〕　《彙釋》，第194頁。
〔註55〕　《彙釋》，第35頁，《大辭典》未收。

南侯國，屬長沙郡。孫吳仍爲湘南縣，係衡陽縣治。南朝宋屬衡陽郡。南齊廢。

64. 脩（修）武縣 [2]

秦置，屬河內郡，治所即今河南獲嘉縣。晉初仍屬河內郡，太康元年（280）移屬汲郡 [註56]。

65. 新建縣 [2]

墓誌所見爲東晉溫式之、陳黃法氍封地。孫吳太平二年（257）分臨汝縣置，屬臨川郡，治所在今樂安縣北。兩晉仍屬臨川郡。南朝宋立「新建侯相」，屬「臨川內史」，治所在今江西崇仁縣西南。蕭梁改屬巴山郡。

66. 新淦縣

西漢置，屬豫章郡，爲豫章都尉治，後爲南部都尉治，治所在今江西樟樹市。

67. 陽夏縣 [8]

秦置，屬陳郡，治所即今河南太康縣。西漢屬淮陽國。東漢屬陳國。西晉屬梁國。南朝宋僑置陽夏縣，屬南汝陰郡，治所在今安徽合肥附近地。南齊因之。後廢。

68. 陽翟縣

秦置，爲潁川郡治，治所即今河南禹州市。西晉屬河南郡。

69. 豫寧縣 [3]

西晉太康元年（280）改西安縣置，屬豫章郡，治所在今江西武寧縣西。《晉志》「豫章」係「豫寧」之訛 [註57]。南朝陳武帝初，爲豫寧郡治。

70. 圉縣 [2]

墓誌所見爲東晉及南朝初年之濟陽蔡氏籍貫。西漢置，屬淮陽國，治所即今河南杞縣西南。東漢屬陳留郡。西晉屬陳留國，後廢。

71. 野王縣

秦置，屬河內郡，治所在今河南沁陽高。西晉爲河內郡治。

72. 雍丘縣

秦置，屬碭郡，治所即今河南杞縣。漢屬陳留郡。東晉僑置雍丘縣，屬歷陽郡，治所在今安徽和縣南。南朝梁廢。另，東晉義熙十二年（416）曾僑

〔註56〕 參《校注》，第 28～29 頁。
〔註57〕 參《校注》，第 197 頁。

置雍丘縣，屬南豫州陳留僑郡，治所在今安徽壽縣西南；另有僑置雍丘縣屬僑陳留郡，治所在今安徽亳州市境〔註58〕。

73. 育（淯）陽縣

西漢置，屬南陽郡，治所在今河南南陽縣南。西晉屬南陽國。東晉爲淯陽郡，後仍屬南陽郡。孝武帝避簡文帝諱，改爲雲陽縣。

74. 永興縣

劉宋永初二年（421）《謝琰墓誌》「即琰夫人從弟松子永興令之女」，永興縣，孫吳太平二年（257）改餘暨縣置，屬會稽郡，治所即今浙江蕭山市。

75. 永寧縣

東漢永和三年（138）分章安縣置，屬會稽郡，治所即今浙江溫州市。孫吳太平二年（257）屬臨海郡。東晉太寧元年（323）爲永嘉郡治。

76. 餘杭縣 2

秦始皇三十七年（前210）置，屬會稽郡，治所在今浙江餘杭市西南。東漢改屬吳郡。孫吳寶鼎元年（266）屬吳興郡。

77. 餘姚縣

秦置，屬會稽郡，治所在今浙江餘姚市姚江北岸。

78. 益昌縣

東晉孝武帝時僑置益昌縣，屬巴西郡，治所在今四川安縣東南。南朝宋置益昌縣，屬白水郡，治所在今四川廣元市西南。

第三節　墓誌地名中的歷史文化內涵解讀——以陳郡謝氏家族出土墓誌爲個案

如前所述，東晉南朝墓誌記載有豐富的歷史地名，是歷史地理研究的重要參考資料。本節即依據南京地區出土的 6 方東晉、南朝陳郡謝氏墓誌材料，對其中所包含的歷史地名試作系統全面的梳理與考察，並解讀其所包含的歷史文化內涵。

陳郡謝氏是隨晉元帝東渡的重要士族，屬六朝高門望族之一。其在六朝政治社會中所扮演的角色，所具有的影響，舉足輕重，前賢多有論述。然多著眼於傳世文獻。新中國成立後，南京地區陸續出土 6 方陳郡謝氏墓誌，內

〔註58〕可參《彙釋》，第 84、103、116 頁。

容豐富,記載原始可靠,爲謝氏家族史研究的重要新史料,近年頗受學者關注,相關研究開始進行。然墓誌記載甚豐的歷史地名,卻多爲學者所忽略或未作深究,迄今鮮有專文論及。

謝氏家族出土墓誌所載地名比較豐富,經歷了一個由少到多、不斷積累的過程,且多與其仕宦、婚姻、里籍及葬地相關。墓誌地名所反映的諸多情況,在一定程度上也折射出整個六朝謝氏一族的興衰歷程。對謝氏墓誌所載地名進行一番全面的梳理,不僅有助於謝氏家族史研究的深入,於六朝士族政治、婚姻等研究領域的拓展也不無裨益。

一、謝氏墓誌地名彙釋

建國以來,南京地區先後出土陳郡謝氏墓誌有文字可考者共 6 方:1964年,南京市中華門外戚家山出土謝鯤石墓誌(東晉太寧元年,323),是迄今全國所見六朝墓誌中最早的一方〔註59〕;1972 年,距南京市區東 100 餘公里的溧陽縣上興鄉出土謝琰(東晉太元廿一年,396)磚墓誌〔註60〕;1984 年到1987 年間,南京市博物館在距南京中華門約 12 公里的雨花臺區鐵心橋大定坊司家山,先後發掘了 7 座東晉至南朝時期的墓葬,其中 M1 石誌誌文泐失不存,M2、M3、M7 未發現墓誌,M4 爲謝球、王德光夫婦合葬墓(謝球葬於東晉義熙三年,407;王德光葬於義熙十二年,416),出土磚墓誌兩件,M5爲謝溫墓(義熙二年,406),出土磚墓誌 1 件,M6 爲謝琉墓(劉宋永初二年,421),出土磚墓誌 1 方 6 塊〔註61〕。

據誌文,謝鯤墓誌記有地名 7 處〔豫章、陳國、陽夏、建康縣、石子罡(崗)、中山、熒陽〕,謝琰墓誌 8 處〔豫州、陳郡、陽夏縣、都鄉、吉遷里、溧陽、太原、晉陽〕,謝溫墓誌 14 處〔豫州、陳郡、陽夏縣、都鄉、吉遷里、丹楊郡、江寧縣、牛頭山、潁川、河東、豫寧縣、太原、江夏郡、會稽〕,謝球、王德光墓誌 20 處〔豫州(三見)、陳郡、陽夏縣、都鄉、吉遷里、丹楊郡(兩見)、秣陵縣、賴鄉、石泉里、牛頭山、陳留、潁川(兩見)、義興、

〔註59〕 南京市文物保管委員會:《南京戚家山東晉謝鯤墓簡報》,《文物》1965 年第 6期。

〔註60〕 南京博物院:《江蘇溧陽果園東晉墓》,《考古》1973 年第 4 期。

〔註61〕 南京市博物館:《南京南郊六朝謝溫墓》、《南京南郊謝琉墓》,《文物》1998年第 5 期;《南京司家山東晉、南朝謝氏家族墓》,《文物》2000 年第 7 期;張學鋒:《南京司家山出土謝氏墓誌研究》,《南京曉莊學院學報》2004 年第 3期。

琅邪（兩見）、會稽（兩見）、譙國、豫寧、河東（兩見）、揚州、海鹽〕，謝
琉墓誌44處〔海陵、豫州（四見）、陳郡、陽夏縣、都鄉、吉遷里、丹楊郡、
江寧縣、賴鄉、石泉里、司州、幽州、并州、揚州、淮南郡、歷陽、廬江、
安豐、堂邑、陳留、潁川（四見）、義興、琅邪（四見）、常樂縣、會稽五郡、
會稽、康樂縣（兩見）、太山、譙國（兩見）、江州、順陽、高平、東安縣、
荊州（兩見）、太原、上虞、廣陵郡、永興、東陽、廬陵、柴桑、南康、建昌、
豫寧（兩見）〕。六方墓誌所記地名除去互有重複者，共計58處，可分爲政區
地名、鄉里地名與山崗地名三類，現匯釋如下：

（一）政區地名

6方墓誌所記地名多爲政區地名，主要是謝氏祖籍、葬地、仕宦、婚姻所
在州、郡、縣名（參見表10）。

表10：《東晉南朝陳郡謝氏墓誌政區地名簡表》

	州（僑州）	郡（國）	縣
祖籍〔一〕	豫州	陳郡、陳國	陽夏
葬地〔二〕		丹楊	建康、秣陵、江寧、熒陽
仕宦、封爵〔註62〕	司州、幽州、豫州、并州〔三〕	豫章〔四〕、義興、海陵、淮南、歷陽、廬江、安豐、堂邑、廬陵、南康	溧陽、豫寧、康樂、常樂、柴桑、建昌、東興
姻親〔五〕		中山、太原、潁川、河東、陳留、琅邪、譙國、太山、順陽、高平	晉陽

〔一〕晉豫州陳郡陽夏縣（今河南太康縣）爲謝氏祖籍〔註63〕，東晉地
入十六國。謝氏雖然隨帝室東遷江左，但仍屬原籍地望，六朝土族高標郡望

〔註62〕東晉政區正式建置，分州、郡、縣三級，此外尚有侯國（相當於縣），分爲公、
　　　　侯、伯、子、男五種爵位。
　　　　謝氏諸人仕宦、爵位地名即按州、郡、縣三級分別釋之。
〔註63〕謝氏6方墓誌，僅謝鯤墓誌稱「陳國」，餘皆稱「陳郡」。究其原因，有二：
　　　　其一，西晉時雖曾改陳國爲陳郡，然當地著姓私下仍以陳國標明地望，沿襲
　　　　習稱。此與士族標明郡望以「崇尚源流」的心理有關（詳參胡阿祥：《中古時
　　　　期郡望郡姓地理分佈考釋》，《歷史地理》第11輯，上海人民出版社，1993
　　　　年）。其二，謝鯤隨晉室東渡之初，與眾多南遷之北方大姓一樣，仍懷回歸故
　　　　土之心，以故地習稱名籍貫，也是可以理解的。謝鯤之後的謝琰及其餘諸謝
　　　　墓誌，稱陳郡而非陳國，皆因去時相對久遠，以西晉陳郡稱舊籍亦未嘗不可，
　　　　且於門第無損。

的社會風習，於此可見一斑。

〔二〕謝氏祖塋在熒陽，謝鯤墓誌稱「舊墓在熒陽」。熒陽，即滎陽〔註64〕。按，「滎陽」，晉有滎陽縣及滎陽郡。滎陽縣，戰國韓滎陽邑地。秦始置滎陽縣，治所在今河南滎陽縣東北。北魏太和中徙治今縣。滎陽郡，三國魏正始三年（242）分河南郡置，治所在滎陽縣（今河南滎陽東北）。尋廢。西晉泰始二年（266）復置。聯繫墓誌「假葬建康縣石子罡（崗）」的記載，「舊墓在熒陽」之滎陽當爲滎陽縣。丹楊郡，即丹陽郡，見謝溫、謝球、謝琰墓誌。

〔三〕司、豫、幽、并四州，均爲東晉僑置。據謝琰墓誌，謝琰祖父謝奕曾官「使持節都督司豫幽并四州諸軍事」。

〔四〕豫章，西晉爲豫章郡，初屬揚州，惠帝元康元年（291）改屬江州，治所在南昌縣（今江西南昌市）。謝鯤墓誌載其爲「晉故豫章內史」。然《晉書》稱「豫章太守」，《世說新語》及劉孝標注所引《晉陽秋》也同樣稱「豫章太守」，但墓誌作「豫章內史」。考《晉書·職官志》：「諸王國以內史掌太守之任」。又云「王，改太守爲內史」。太史與內史，職權相同，只是名稱上有點差別而已。

〔五〕謝氏姻親地名所及幾全爲郡名，此或與東晉南朝士族著姓標榜郡望的風息密切相關。

（二）鄉里地名

1. 都鄉，吉遷里

據謝琰、謝溫、謝球、謝琰墓誌，「豫州陳郡陽夏縣都鄉吉遷裏」爲陳郡謝氏舊貫。另據《金石錄補》卷七所收「宋故散騎常侍謝公（謝濤）墓誌」、《景定建康志》卷四三《諸墓》記載劉宋宗愨母鄭夫人「窆於秣陵縣都鄉石泉里」。所謂「都鄉」，是指縣治所在之鄉，有統領其他各鄉之意。因此，謝氏的主要支系應聚居在陽夏（今河南太康縣）縣城裏。又「吉遷里」之名，因其吉利，故魏晉南北朝時常見。如南京象山王興之墓誌背面所刻其妻宋和之墓誌「命婦西河界休都鄉吉遷里宋氏名和之」。〔註65〕

〔註64〕今河南僅有「滎陽」，而無「熒陽」。考諸《嘉慶重修一統志》等文獻記載，均作「滎陽」，考慮到地名學有關地名音同形異現象，「熒陽」、「滎陽」同指一地。

〔註65〕南京市文物保管委員會：《南京人臺山東晉興之夫婦墓發掘報告》，《文物》

2. 賴鄉，石泉里

據謝溫墓誌「葬丹楊郡江寧縣牛頭山」，謝珫墓誌「安厝丹楊郡江寧縣賴鄉石泉里中」，謝球墓誌「安厝丹楊郡秣陵縣賴鄉石泉里牛頭山」。牛頭山，即今牛首山，時屬賴鄉石泉里境。按：謝溫、謝球、謝珫墓均發掘於距南京中華門約 12 公里的雨花臺區鐵心橋大定坊司家山，今司家山位於南京南郊江寧區牛首山北麓，墓地均在牛頭山北麓的賴鄉石泉里。據《嘉慶重修一統志》「賴鄉，在江寧縣西南。」《三國志》卷四十八《吳書・三嗣主傳》裴松之注引《吳錄》云：「至晉太康中，吳故少府丹楊戴顒迎亮喪，葬之賴鄉。」〔註66〕《三國志》卷五十九《吳書・吳主五子傳》云：「登晝夜兼行，到賴鄉，自聞，即時召見。」〔註 67〕均見賴鄉之名。然賴鄉屬江寧縣還是秣陵縣？則無法斷定。

秣陵，漢舊縣。西晉平吳後，太康元年（280）分秦淮河水北置建業縣（次年改為建鄴），建興元年（313）八月改為建康縣。秦淮河水南仍為秣陵縣，治今秣陵關，東晉義熙九年（413）遷至都城東南斗場柏社。江寧縣，太康元年析秣陵縣西南新置，尋廢，永嘉元年（307）復置，治今江寧區江寧鎮。東晉南朝秣陵、江寧二縣的界限不可得知，但牛首山迄今為止是南京市區與江寧區（今雨花臺區與江寧區）的分界線，司家山在牛首山北麓，今歸雨花臺區管轄。推測東晉南朝時期秣陵、江寧二縣的分界線也在牛首山，謝氏墓地正在兩縣界上。賴鄉時屬江寧縣，時屬秣陵縣，變動頻仍，令人費解。據《齊書・祥瑞志》載：「永明六年（488），江寧縣北界，賴鄉齊平里，三成邏門外路東，太常蕭惠基園椒樹二株連理，其高相去二尺，南大北小，小者傾柯南附，合為一樹，枝葉繁茂，圓密如蓋。」可見，是時賴鄉屬江寧縣北境。

若據上引《景定建康志》卷四三《諸墓》記載劉宋宗愨母鄭夫人（大明六年，462）「窆於秣陵縣都鄉石泉里」，則是時石泉里屬賴鄉，且賴鄉為秣陵縣治所在之鄉。

賴鄉歸屬如此紛繁複雜，究其原因，江寧縣乃太康元年（280）由秣陵縣西南境析置，大約因為石泉里地處兩縣交匯地帶，且晉末宋初連年不斷的土

1965 年第 6 期。

〔註66〕 第 1159 頁。

〔註67〕 第 1364 頁。

斷可能多次涉及京郊縣域的區劃調整，石泉里首當其衝。〔註68〕

（三）山崗地名

1. 石子罡（崗）

據謝鯤墓誌，「假葬建康縣石子罡」。石子罡（崗），即今南京市中華門外戚家山一帶，位於南京城南郊雨花臺東北 0.5 公里處。山爲東西向，謝鯤墓在該山北麓半山坡上。《三國志·吳志·諸葛恪傳》云：「建業南有長陵，名曰石子崗。葬者依焉。」故六朝時期的石子崗即屬葬區之一。

又《世說新語·言語第二》「高座道人不作漢語」條下劉孝標注引《塔寺記》：「屍密黎（西域人），冢曰高座，在石子崗，常行頭陀。卒於梅崗，即葬焉。」《世說新語·任誕第二十三》篇記載：謝襃（考即謝鯤墓誌所記之謝褒）墓，葬城南九里梅嶺崗。崗因晉豫章太守梅頤居此而得名，梅嶺崗又稱梅崗。《元和郡縣志》云：「上元縣謝安墓在縣東南十里石子崗北」；《景定建康志》云：「謝安墓在城南九里梅嶺崗」；《同治上江兩縣志》亦云：南京石子崗（罡）山麓有謝安墓。故石子崗，又稱梅嶺、梅嶺崗、梅崗。

2. 牛頭山

牛頭山，即牛首山，位於南京城南中華門外西南約 10 公里處。據清余賓碩《金陵覽古》云：「遙望兩峰爭高，如牛角然。佛書所謂『江表牛頭』也。」因其雙峰如牛頭，故名。牛首山迄今爲止是南京市區與江寧區（今雨花臺區與江寧區）的分界線，謝氏家族謝攸一支的葬地爲牛首山北麓之司家山，今歸雨花臺區管轄。東晉南朝時期，牛首山屬賴鄉境，並不斷變動於秣陵、江寧二縣之間。因之，牛首山很可能是秣陵、江寧二縣的分界線。

二、墓誌地名中的歷史文化內涵

晉室東渡之初，陳郡謝氏僅爲一般士族。然歷經數十年的經營，迅速攀升至與「琅邪王氏」齊名的高門著姓。這不僅爲時勢所致，也同謝安等謝氏傑出人物的努力是分不開的。對出土謝氏墓誌所記地名進行爬梳整理後，同樣可見謝氏一族的興起歷程。

其一，諸謝仕宦、爵位地名的變化，反映了謝氏家族江左發展的地域軌迹。〔註69〕

〔註68〕 王志高、羅宗眞：《六朝文物》，第 232 頁。
〔註69〕 劉新光《東晉陳郡謝氏江左地域選擇述論》（《南京曉莊學院學報》2004 年第

徵之史傳，謝鯤乃謝氏家族中最早渡江南來之人，其先於永嘉喪亂而避地豫章〔註70〕。豫章，爲謝鯤避地江左的首立之地，距東晉都城建康較遠，偏處東晉中央政權所在之西。謝鯤雖爲「豫章內史」，然非顯職，尚不足以廁身避難江左的中原士族之流。〔註71〕由此可見，陳郡謝氏於渡江之初，並不爲時人所重，僅爲地位較低的一般士族。

然則也正是謝鯤南來之初即居豫章的無意選擇，爲謝氏的興起奠定了地域基礎。據《晉書》卷七九《謝尚》傳，晉康帝建元（343～344）初，謝鯤子謝尚「出爲建武將軍、歷陽太守，轉督江夏、義陽、隨三郡軍事，江夏相，將軍如故。」建元二年，「爲南中郎將，餘官如故。會庾冰薨，復以本號督豫州四郡，領江州刺史。」謝尚於建元初不斷陞遷，仕途通達，職掌江州刺史，並督豫州四郡軍事。豫章乃江州舊治〔註72〕，豫州本謝氏祖籍，謝尚能以本貫出掌豫州軍要，同其本人傑出的才幹有關，然與陳郡謝氏原爲豫州著姓這一背景也不無關聯。謝尚得刺江州，恐怕同其父謝鯤在豫章的經營也有莫大關係。因此，豫章爲陳郡謝氏崛起江左的發祥地，當爲事實。

《晉書》本傳記載，謝尚出任江州刺史不久，「復轉西中郎將、督揚州之六郡諸軍事、豫州刺史、假節，鎮歷陽。」謝尚之後，其從弟謝奕（357~358年在任）、謝萬（358～359年在任）相繼出任豫州刺史一職。據謝琰墓誌，謝琰祖父謝奕，「使持節都督司豫幽并四州，揚州之淮南、歷陽、廬江、安豐、堂邑五郡諸軍事，鎮西將軍，豫州刺史」。謝奕職掌四州並五郡軍要，位居豫州刺史，地位遠較謝鯤爲高，與謝尚相匹。謝氏自謝尚始掌豫州刺史，至謝萬被黜止，前後凡15年左右。在此期間，陳郡謝氏政治地位、社會影響均有極大提升。無疑，豫州已成爲繼豫章之後，謝氏攀升的重要地域依託。

1期）對謝氏江左擇地問題論述較詳。然於謝氏江左發展的地域變遷過程，劉氏並未作進一步論述。筆者依據謝氏墓誌所載仕官、爵位地名，結合文獻記載，試圖在劉文的基礎上有所深入和突破。

〔註70〕　《晉書》卷四十九《謝鯤》，中華書局，1974年。

〔註71〕　據《晉書》卷四十九本傳，謝鯤被王敦出爲豫章太守在元帝永昌元年（322）左右，至謝鯤去世（明帝太寧元年，323），僅1年左右的時間，然「蒞政清肅，百姓愛之」，頗具聲望。

〔註72〕　《宋書》卷三六《州郡志二》云「（江州）初治豫章，成帝咸康六年（340），移治尋陽。庾翼又治豫章，尋還尋陽」。按，豫章郡治南昌，故江州治所在南昌與尋陽兩地變動。

〔註73〕至淝水戰後，謝安因功由「建昌縣公」改封「廬陵郡公」、謝玄由「東興縣侯」改封「康樂縣開國公」，〔註74〕陳郡謝氏威望與勢力均達極致，成爲與琅邪王氏並稱的一流望族。

豫章、南豫州之外，陳郡謝氏在江左發展的另一重要地域則是會稽。鑒於吳郡、義興、吳興爲吳地舊姓大族聚集之處，南來之北方著姓很難插足其間，「惟渡過錢塘江，至吳人士族力量較弱之會稽郡，轉而東進，爲經濟之發展。」〔註75〕由此，會稽是江左大族迫於吳郡舊姓的壓力，爲「求田問舍」，轉而拓展勢力的重要區域。然如前所述，謝氏立足江左的最初地域爲豫章，恐怕與其渡江之初地位較低，尙無力向會稽地區發展有關。《晉書》卷七九《謝安傳》云：「（謝安）寓居會稽，與王羲之及高陽許詢、桑門支遁遊處，出則漁弋山水，入則言詠屬文，無處世意。」謝安寓居會稽，表明謝氏勢力此時已拓展至該地區，且得以與琅邪王氏這樣的一流高門相處，其地位已是今非昔比。個中原因，當與謝尙、謝奕時謝氏家族地位的攀升有關。

另據謝琰墓誌，其叔父謝玄，「字幼度，散騎常侍、使持節都督會稽五郡諸軍事、車騎將軍、會稽內史、康樂縣開國公」。謝玄職掌會稽五郡軍事，任「會稽內史」，也表明謝氏勢力此時已經完滲透到會稽地區。

再者，謝琰墓誌稱其曾爲「溧陽令」〔註76〕，且死後葬於其地。溧陽縣屬丹陽郡，靠近都城建康。謝氏自謝尙後相繼職掌權要，榮顯之至，謝氏族人任官於京畿郊縣，興產殖業，也不足爲奇。當然，謝氏此種盛況完全依託於其族人在朝中的地位與勢力，一旦其家族失去對建康即東晉中央政府的影響力後，其在京畿地區的發展就會局促地多。謝琰墓誌稱其伯父謝淵「義興

〔註73〕豫州地域於謝氏家族攀升中的地位，學者多有論述，可參田餘慶《陳郡謝氏與淝水之戰》（《東晉門閥政治》，北京大學出版社，1989年），曹文柱《東晉時期陳郡謝氏瑣談》（《北京師範大學學報》（社科版）1997年第1期），葉妙娜《東晉南朝僑姓高門之仕宦：陳郡謝氏個案研究》（《中山大學學報》1986年第3期）。

〔註74〕《晉書》卷七九《謝安傳》及所附《謝玄傳》。

〔註75〕陳寅恪：《述東晉王導之功業》，《金明館叢稿初編》，上海古籍出版社，1980年，第61頁。

〔註76〕謝琰身份，學界仍存有爭議，然其爲陳郡謝氏族人當無疑議，且其墓誌云「太元廿一年」（396），去世時年紀尚輕，可能與謝琰同葦。詳參南京博物院：《江蘇溧陽果園東晉墓》，《考古》1973年第4期；羅宗眞：《從考古資料看六朝謝氏家族的興衰》，《東南文化》1997年第4期。

太守」。義興郡地近吳郡，爲吳郡舊姓勢力範圍。由此，陳郡謝氏似乎曾有向吳郡地域發展的舉動。然僅謝淵一例而已，且無其他相關記載，尚不足以說明是時謝氏已有能力立足於吳人舊地。反而從側面說明，吳郡舊姓在其勢力範圍之內影響甚巨，即使謝氏榮顯一時，仍是無法滲透至該地域。

由謝氏仕宦、爵位地名所反映的情況來看，其在江左發展的地域範圍，除政治活動中心都城建康外，主要集中在豫章、豫州、會稽三地。要而言之，豫章爲謝氏立足地，豫州爲謝氏起家地，會稽乃謝氏殖產地。三地之中，豫章於陳郡謝氏家族而言，地位尤爲重要。

謝琰墓誌最後一段記載：「大宋革命，諸國並皆削除，惟從祖太傅文靖公安廬陵公降爲柴桑侯，幺復苻堅之難，功封康樂縣開國公，餘諸侯爵南康、建昌、豫寧並皆除國。」加上謝安曾封「建昌縣公」、謝玄曾封「東興縣侯」，廬陵、柴桑、南康、東興均地處豫章郡近傍，而康樂、建昌、豫寧皆爲豫章郡屬縣。諸謝墓誌所載仕宦、爵位地名，多爲豫章郡屬縣，或近傍之地，這也表明謝氏自謝鯤始，立足江左的地域範圍始終不離豫章及其周邊地區。即使謝安、謝玄等曾在會稽有所開拓，然其封爵之境仍不曾偏離過該地域。〔註77〕

謝氏因淝水一戰而至鼎盛，此後開始走向衰落。後復經孫恩、盧循兵亂的衝擊，謝氏家族更是元氣大傷，盛況不再。劉宋朝，謝琰也只謀得個海陵太守職，其「豫寧縣開國伯」還最終遭到除國的命運，南朝時代謝氏凋零之象畢現無遺。

其二，謝氏姻親地望的變遷，反映了謝氏地位攀升的發展歷程。

據謝鯤等 6 方墓誌所載，謝氏聯姻家族達 14 家、25 例，分別是：

中山劉氏，1 例（謝鯤妻）。

陳留阮氏，1 例（謝奕妻）。

琅邪王氏，6 例（謝淵妻；謝道韞婿王凝之，王羲之子；謝令愛婿王□之；謝球妻王德光，王羲之子渙之女；謝簡妻，纘之女；謝溫妻）。

潁川庾氏，2 例（謝攸妻庾女淑，庾翼女；謝靖妻）。

泰山羊氏，1 例（謝玄前夫人）。

譙國桓氏，2 例（謝玄後夫人；謝道輝婿桓石民，桓溫弟桓豁子）。

〔註77〕據謝琰墓誌，其另一叔父謝靖，「字季度，散騎常侍，太常卿，常樂縣侯」。常樂縣地屬交州九眞郡，遠離謝氏家族的活動地域，屬特例。

順陽范氏，1 例（謝道榮婿范少連，安北將軍范汪子）〔註78〕

高平郗氏，1 例（謝道粲婿郗道胤，郗超子）。

陳郡袁氏，3 例（謝令芬婿袁文子；謝琬妻袁婉，袁勖子邵女；謝奉妻，謝琬妻袁婉從弟袁松子之女）。

太原王氏，3 例（謝琰妻；謝令和婿王萬年；謝寧妻，王萬年、謝令和長女）。

潁川陳氏，1 例（謝令范婿陳茂先）。

河東衛氏，1 例（謝璵妻，衛準女）。

陳郡殷氏，1 例（謝雅妻，殷仲文女）。

太原溫氏，1 例（謝璵婿）。

關於東晉南朝世族聯姻，史學界通認以士庶不婚為特徵。這在謝氏墓誌所載姻親地名中也有所反映。以上 14 個家族，加上文獻所載謝氏的聯姻家族（謝鯤女適河南陽翟褚裒、謝安妻南陽劉耽女、謝石妻琅邪諸葛恢女），唯順陽范氏地位較低外，無一不是東渡江左的僑姓大族。其中與琅邪王氏、同郡袁氏的聯姻尤其頻繁，連綿數世。在近百年五代人中，謝氏的姻親集團始終不出僑姓世族範圍，而沒有發現與吳姓舊族聯姻的任何迹象，這在當時可謂世族婚媾的一般情形。

若進一步考察自謝鯤至謝溫，前後五代人的姻親郡望，則可窺見其聯姻集團的擴展，正與謝氏家族地位攀升的軌迹相符。謝氏是魏晉新興家族，曹魏時的謝纘為可考的一世祖。謝鯤為謝纘之孫，娶中山劉氏，是謝氏族人婚媾的最早記載。謝鯤妻中山劉氏，何人之女不明。劉氏雖為魏晉士族，然於東晉朝不顯，兩晉之際屬沒落士族之流〔註 79〕。謝奕為謝氏四世，妻陳留阮氏，亦非一流望族。謝氏同中山劉氏、陳留阮氏聯姻，與當時其家族地位較低的情形甚為相符。

如前所述，自謝尚、謝奕、謝安大力經營之後，謝氏得以躋身於琅邪王氏齊名的一流著姓之列，政治地位、社會影響顯赫一時。從墓誌所載姻親郡望看，謝氏五世謝淵等人，與琅邪王氏（2 例）、潁川庾氏（2 例）、譙國桓氏（2 例）、泰山羊氏、順陽范氏、高平郗氏聯姻；至謝琬等謝氏六世婚媾 8 宗：

〔註78〕 參見張學鋒：《南京司家山出土謝氏墓誌研究》，《南京曉莊學院學報》2004年第 3 期。

〔註79〕 《晉書》卷六二《劉琨傳》。

琅邪王氏（2 例）、太原王氏（2 例）、陳郡袁氏（2 例）、潁川陳氏、河東衛氏。謝氏五世、六世姻親範圍大爲擴展，其中與謝氏聯姻比較頻繁的琅邪王氏、太原王氏、潁川庾氏、譙國桓氏、陳郡袁氏，均爲當時活躍於東晉政治舞臺的僑姓高門。是時謝氏地位之榮顯，由此亦可窺一斑。

　　至謝溫等謝氏七世婚媾 7 宗：琅邪王氏（2 例）、陳郡袁氏（2 例）、陳郡殷氏、太原王氏、太原溫氏。謝氏聯姻集團仍不出僑姓士族範圍，表明士族身份內婚制仍是當時社會的主流。淝水之戰後，謝氏雖然政治地位下降，但從墓誌所記姻親集團來看，其社會影響仍在。

三、餘論

　　出土 6 方謝氏墓誌，指示了謝氏家族的 3 處葬地：建康縣石子崗，江寧縣（或秣陵縣）牛頭山，溧陽縣。謝氏此 3 處葬地的變遷，反映了兩種不同的觀念：魂歸故土與安處異鄉。

　　據出土墓誌及參諸文獻記載，謝鯤、謝裒及裒子謝安均葬石子崗，然石子崗並非爲謝氏族葬地。據《陳書》卷三十六《始興王叔陵傳》記載：「晉世王公貴人，多葬梅嶺，及彭卒，叔陵啟求於梅嶺葬之，乃發故太傅謝安舊墓，棄去安柩，以葬其母。」可見，石子崗在東晉雖爲王公大族葬區，但係亂葬之地，而非謝氏一族專葬之地。這也許與謝鯤墓誌「假葬建康」之「假葬」觀念有關。謝鯤墓誌稱謝氏「舊墓在滎陽」，因東晉政權偏安江左而無法歸葬滎陽祖墳，故只得「假葬」建康。謝鯤之墓並未當作主人最後的安息之地，而是暫作厝置之所，臨時葬地。聯繫到東晉初年北方流人的處境，我們不難理解上至「東渡名士」、王公大族，下至普通流民，流落到他們陌生的江南一隅時，對故土的思念與眷戀之情。謝鯤對「舊墓」的銘懷，歸葬祖塋的期盼，也正是南來之北人「光復神州」的心聲表露。由此，我們就不難理解謝鯤、謝裒、謝安選擇石子崗這一亂葬之地的舉措。

　　至謝球、謝琰、謝溫時，謝氏聚葬牛頭山，發掘報告稱此處爲謝攸一支的葬地〔註80〕。謝琰云「安厝丹楊郡江寧縣賴鄉石泉里中」，謝球墓誌亦稱「安厝丹楊郡秣陵縣賴鄉石泉里牛頭山」。「安厝」，就是最終埋葬之意，表明晉末宋初謝氏已然接受安葬南方的事實。從墓葬分佈來看，司家山目前已發

〔註80〕南京市博物館、雨花區文化局：《南京司家山東晉南朝謝氏家族墓》，《文物》2000 年第 7 期。

現的 7 座墓，倚山而葬，分前後兩排，墓葬形制基本相同，分佈規整，也沒有再做遷葬打算的任何迹象。

此外，據謝琰墓誌，謝琰曾任「溧陽令」，死後即葬其地，且與其妻合葬。由於墓誌誌文泐損較多，無法確定謝琰究竟出自謝氏哪一支，但謝氏後裔之一支葬於溧陽，當為事實。無論是從謝球等人墓誌措辭來看，還是就此地謝氏家族墓葬分佈而言，謝氏諸人均無北歸之意，這與其先人南來之初期盼歸葬北方祖塋的心情，迴然有異。

謝氏後裔安處異鄉，不再作北歸之念，究其原因，當與北方僑姓寓居江南日久，政治地位漸趨穩固，聲譽影響日益隆盛，生活已融入南方社會有關。誠如張學鋒所言，「他們早已誤把青溪作金谷，錯將建康為洛陽了。」〔註81〕

〔註81〕 張學鋒：《南京象山東晉王氏家族墓誌研究》；張學鋒、傅江：《東晉文化》，周直主編《十朝故都文化叢書》，南京出版社，2005 年，第 214 頁。

結　語

　　作爲出土文物資料的一種，東晉南朝墓誌既是彼時歷史的實物見證，又是傳世文獻資料的補充。其內容豐富異常，涉及歷史、地理、民俗、文學、書法、文字等諸多方面，是把握東晉、南朝社會發展的脈搏，瞭解彼時歷史風貌的重要實物資料，因而具有重大的資料價值和學術意義。本書選擇東晉南朝墓誌作爲專題研究對象，在前輩學者相關研究的基礎上，竭力從墓誌形制、書體、文字、詞語、文體與文學、歷史地理等不同方面入手，初步嘗試了系統而完整地論述東晉南朝墓誌的特點、價值及意義。此外，還就墓誌中反映的諸多零散問題，做出相應的考證和闡釋。檢討本書所開展的研究工作及收穫，總體上來說，基本實現了預期目標。所取得的初步成果，或爲作者的艱苦開拓、努力創新，或爲對前人某些觀點的辯證與糾補，如此種種，對相關研究領域的拓展，應該是有相當地推動與促進的。

　　當然，正如筆者一再強調的那樣，墓誌資料所包含的內容異常豐富，某些方面已然超出筆者目前學力所能把握之範疇，故暫時未能爲本書研究所涉及或未作更爲廣泛而深入的討論，甚是遺憾。現僅就筆者已獲得的若干尙顯粗淺的認識，列出初步的研究構想，以作今後努力的方向，或俟諸賢者。概括說來，大致有兩個方面。

　　一，六朝時期的南北地域墓誌發展關係的探討。尤其是在西晉墓誌設置已經形成風氣以後，陷於南北分裂、對峙的東晉、南朝與十六國、北朝墓誌時期，作爲喪葬用品的墓誌其本身發展的具體情形究竟如何。而廓清這一問題，既有賴於南北地域墓誌的各自獨立的縱向系統考察，同時有待於更深入的南北地域的橫向比較研究。從墓誌最基本的表現形式來看，東晉、南朝與

十六國、北朝墓誌在遵循不同軌迹、各自發展的過程中，於形制、內容、書法、文體等方面均呈現出一定的相似性。因此，在東晉、南朝與十六國、北朝墓誌的發展過程中，有相當可能存在南北文化的交流及相互影響的情況。此在前人研究中，已有部分注意和不同程度地討論。

例如，趙超《中國古代墓誌通論》第六章「墓誌的文體與釋讀」，在介紹「北魏孝昌二年（526）七月二十日元乂墓誌」時，指出：「本墓誌字數較多，是北魏墓誌中用典較多，文辭典雅，對仗工整的典型駢體文作。……它與上面的梁天監十三年（514）十一月十日王纂韶墓誌在文體、文風上都十分相似。說明當時南北兩方文化交流是十分密切的，起碼在駢文與墓誌銘寫作方式上的互相影響是非常明顯的。這種文學風氣，可能還是源於南朝。」〔註1〕

再如，劉宋元徽二年（474）明曇憙墓誌書法作方筆，滯重謹嚴，棱角分明，與北魏貴族墓誌中的某些筆畫特徵十分類似，「明曇憘（憙）墓誌是可以作爲北方標準魏碑體書法的直接先導而視之的。」而陳黃法氍墓誌，「其橫畫末端卻出現了早先南朝墓誌所未見的隸筆波挑，表現出與北朝後期墓誌文字頻見的復古現象呼應融合的趨勢。」〔註2〕

筆者在研究過程中發現，南、北兩地墓誌在形制、內容上也存在相類似的現象，如撰者、書人題名在墓誌中的最早出現及其位置的變動；「墓誌」稱名的最早出現及其演變，等等，並據此對南北地域墓誌的發展關係作出某些推論與判斷。

綜上，在南、北不同地域的墓誌發展過程中，南北文化的交流與互動是可以想見的。然而，究竟是南朝墓誌影響北朝墓誌，抑或是北朝墓誌影響南朝墓誌，其具體影響又如何，等等，均有待於將東晉、南朝墓誌與十六國、北朝墓誌，從形制、內容、書法、文體等各個方面，作相同時段的橫向深入比較，才能得出最終結論。當然，此項研究的開展必須建立在全面梳理十六國、北朝誌材料的基礎上。

二，東晉南朝墓誌文中的社會文化內涵的解讀，以及社會生活史料的挖掘。墓誌是喪葬用品，用詞具有一定特殊性，它不同於日常口語用詞。加上古代日常生活中人們的一些語言禁忌（如諱言「死」、「墳墓」等），從而墓誌詞語中存在大量用典的現象，委婉語使用也比較廣泛。而墓誌的語言用

〔註1〕趙超：《古代墓誌通論》，第236頁。
〔註2〕邵磊：《冶山存稿──南京文物考古論叢》，第128～129頁。

詞、話語模式在一定程度上無疑反映了當時社會的心理觀念和思維方式。故從社會語言學、文化語言學的角度，通過對東晉南朝墓誌的語言用詞及話語模式的考察，發掘其中所蘊含的社會文化內涵，進一步解讀其更深層次的歷史事實、思維方式和社會心理，於東晉南朝墓誌研究範圍的拓展不無裨益。例如：

1. 東晉南朝墓誌無論字數多寡、內容繁簡，其對墓主職官、爵位、郡望的記載均必不可少，充分表明了權力崇拜、官本位的思想觀念和高標郡望的社會心理，此與漢魏以來、六朝社會注重門第的觀念高度契合。

2. 部分墓誌中「舊墓」、「假葬」、「旅葬」、「安厝」等語辭的使用，表明了時人對故土的眷戀之情和「歸正首丘」的喪葬觀念，同時也反映東晉、南朝特殊歷史環境下，南來之北方僑人的思想觀念及其變遷。

3. 南朝墓誌「銘文」的出現，說明道德評判在墓誌文中開始佔有極為重要的地位，這不僅是中國古代墓誌發展的重大變革，也反映了時人對墓誌這一喪葬用品重視程度的變化。此外，墓誌銘文對墓主歌功頌德、虛言誇飾，極盡讚美之辭，也反映了「隱惡揚善」、「空言虛美」的社會心態。

4. 對父祖的官祿爵位、世系婚姻的詳細記載，說明了炫耀家世門第的社會心理，同時也在某種程度上反映出家族門第的升降顯隱。

5. 墓誌所見東晉南朝的婚姻狀態，多少也反映了相應的某些社會觀念的變化、女性社會地位的遷變，如東晉王康之妻何法登 18 歲守寡，至 51 歲去世，無子而養兄子以繼後，寡居 33 年的堅守，不能不令人唏噓；而南朝初年的劉襲墓誌詳載其姊「重適」（改嫁）的情況，婚媾的相對自由與女性人身束縛的減輕，也不能不讓人驚歎。無論是前者的堅守，還是後者的「重適」，除了女性自身之性情、夫婦感情輕重有別外，家族門風、社會觀念想必也有部分投射其中。

附錄：東晉南朝墓誌官職名、人名、地名索引

　　東晉南朝墓誌因其喪葬資料的特殊性，往往詳細記載了墓主之家族世系、仕宦經歷、婚媾聯姻等情況，其中飽含豐富的官職名、人名與地名，此於中古職官、歷史地理、家族史研究頗具史料價值。然而，這些名稱信息多散見於各墓誌，不易梳檢，更遑論展開深入研究。鑒此，本書在系統整理東晉南朝墓誌資料的基礎上，將墓誌所見官職名、人名與地名彙為一集、編製索引，以便學者檢索利用。

凡例

1. 所有名稱均按首字拼音順序排次。
2. 對墓誌中重複出現的同一名稱，不重錄，僅按墓誌出土時間順序標明所見之墓誌。
3. 官職、爵位名稱前冠以地名者，如某州刺史、某州太守、某尹、某縣侯（公），其地名錄入「地名索引」，「官職名索引」僅錄「刺史」、「太守」、「尹」，爵位名錄入「人名索引」。
4. 謚號、封號、尊號錄入「人名索引」。
5. 人名附字者，以「姓名・字」錄入；女性僅有姓者，如「某氏」，照錄；遇重複出現者，不重錄，僅按墓誌出土時間順序標明所見之墓誌。

一、官職名索引

A

C

D

W

衛將軍　　　　　　　王興之夫婦墓誌　77

　　　　　　　　　　王閩之墓誌　87

　　　　　　　　　　王丹虎墓誌　89

　　　　　　　　　　王建之墓誌　94

　　　　　　　　　　夏金虎墓誌　101

　　　　　　　　　　謝琰墓誌　109

衛軍參軍　　　　　　夏金虎墓誌　101

王主簿　　　　　　　蕭融墓誌　135

文學　　　　　　　　蕭敷墓誌　138

威猛將軍諮議參軍　　程虔墓誌　146

X

西曹　　　　　　　　王建之墓誌　95

西中郎將　　　　　　謝琰墓誌　109

相　　　　　　　　　孟府君墓誌　100

縣右尉　　　　　　　宋乞墓誌　114、115

憲郎　　　　　　　　劉襲墓誌　123

行參軍署法曹　　　　蕭融墓誌　134

行參軍　　　　　　　蕭融墓誌　134

　　　　　　　　　　蕭敷墓誌　138

信武將軍　　　　　　黃法氍墓誌　152

Y

鷹揚　　　　　　　　周闡墓誌　90

御史中丞　　　　　　溫式之墓誌　98

右將軍　　　　　　　謝溫墓誌　103

　　　　　　　　　　謝球墓誌　105

　　　　　　　　　　明曇憙墓誌　125

右衛將軍　　　　　　宗愨母劉夫人墓誌　117

尹　　　　　　　　　劉襲墓誌　123

　　　　　　　　　　王纂韶墓誌　136

二、人名索引

三、地名索引

D

主要參考文獻目錄〔註1〕

一、基本書獻

1. 楊伯峻：《春秋左傳注》，中華書局，1990 年。
2. 《國語》，上海古籍出版社，1978 年。
3. 《十三經注疏》，中華書局，1980 年影印。
4. （漢）司馬遷撰、（南朝・宋）裴駰集解、（唐）司馬貞索引、張守節正義：《史記》，中華書局，1959 年第 1 版，1982 年第 2 版。
5. （漢）班固撰，（唐）顏師古注：《漢書》，中華書局，1962 年。
6. （漢）許慎撰，（宋）徐鉉校定：《說文解字》，中華書局 1963 年以清陳昌治刻本爲底本影印（陳昌治刻本係以清孫星衍覆刻宋本《說文解字》爲底本）。
7. （漢）許慎撰，（清）段玉裁注：《說文解字注》，上海古籍出版社，1981 年第 1 版，1988 年第 2 版。
8. （漢）韓嬰撰，許維遹校釋：《韓詩外傳集釋》，中華書局，1980 年。
9. （晉）陳壽撰、（南朝・宋）裴松之注：《三國志》，中華書局，1959 年第 1 版，1982 年第 2 版。
10. （晉）葛洪集：《西京雜記》，《四部叢刊初編》本。
11. （南朝・宋）劉義慶撰、（梁）劉孝標注：《世說新語》，上海古籍出版社據清王先謙校訂、光緒十七年（1891）思賢講舍刻本影印，1982 年。
12. （南朝・宋）范曄撰，（唐）李賢等注：《後漢書》，中華書局，1965 年。
13. （梁）沈約：《宋書》，中華書局，1974 年。

〔註 1〕　參考文獻目錄除「基本書獻」部份按編著者的朝代先後排列外，其餘部份均按論著出版、刊載或答辯的年月順序排列。

14. （梁）蕭子顯：《南齊書》，中華書局，1972 年。

15. （梁）蕭統編，（唐）李善注：《文選》，上海古籍出版社，1986 年。

16. （梁）劉勰著，周振甫譯注：《文心雕龍今譯》，中華書局，1986 年。

17. （梁）任昉撰，（明）陳茂仁注，（清）方熊補注：《文章緣起》，文淵閣四庫全書本。

18. （梁）顧野王：《原本玉篇殘卷》，中華書局彙集黎庶昌、羅振玉兩種集佚本與日本東方文化學院影印之卷八心部影印，1985 年。

19. （梁）顧野王：《大廣益會玉篇》，中華書局據張氏澤存堂本影印，1987 年。

20. （北齊）顏之推撰、王利器集解：《顏氏家訓集解》，上海古籍出版社，1980 年。

21. （北齊）魏收：《魏書》，中華書局，1974 年。

22. （唐）魏徵等：《隋書》，中華書局，1973 年。

23. （唐）房玄齡等：《晉書》，中華書局，1974 年。

24. （唐）姚思廉：《梁書》，中華書局，1973 年。

25. （唐）姚思廉：《陳書》，中華書局，1972 年。

26. （唐）李延壽撰：《南史》，中華書局，1975 年。

27. （唐）歐陽詢編：《藝文類聚》，中華書局，1965 年。

28. （唐）封演撰，趙貞信校注：《封氏聞見記校注》，中華書局，2005 年。

29. （唐）劉禹錫：《劉夢得文集·外集》，《四部叢刊初編》本。

30. （唐）顏元孫：《干祿字書》，文淵閣四庫全書本。

31. （唐）張彥遠輯：《法書要錄》，上海書畫出版社，1986 年。

32. （宋）司馬光編：《資治通鑒》，中華書局，1963 年。

33. （宋）沈括：《夢溪筆談》，文淵閣四庫全書本。

34. （宋）歐陽修撰，（清）黃本驥編：《集古錄跋尾》（十卷），清道光二十四年（1844）三長物齋刊本。

35. （宋）歐陽棐撰，（民國）繆荃孫校輯：《集古錄目》（十卷），江陰繆氏刊《雲自在龕叢書》本。

36. （宋）陳思編：《寶刻叢編》，文淵閣四庫全書本。

37. （宋）闕名：《寶刻類編》，文淵閣四庫全書本。

38. （宋）鄭樵：《通志·二十略》，中華書局，1995 年。

39. （宋）張敦頤：《六朝事迹編類》，廣陵古籍刻印社據清寶章閣仿宋刊本影印，1987 年。

40. （宋）高承：《事物紀原》，中華書局，1989 年。

41. （宋）葉紹翁：《四朝聞見錄》，中華書局，1989年。

42. （宋）趙明誠撰、金文明校證：《金石錄校證》，上海書畫出版社，1985年。

43. （宋）王應麟：《困學紀聞》，（北京）商務印書館，1959年。

44. （宋）葉夢得：《巖下放言》，文淵閣四庫全書本。

45. （明）陶宗儀：《古刻叢鈔（二種）》，王雲五主編《叢書集成初編》，（上海）商務印書館，民國二十五年（1936）。

46. （明）王行：《墓銘舉例》，文淵閣四庫全書本。

47. （明）唐順之：《荊川文集》，《四部叢刊初編》本。

48. （明）吳訥著，于北山校點：《文章辨體序說》，郭紹虞主編《中國古典文學理論批評專著選輯》，人民文學出版社，1962年。

49. （明）徐師曾著，羅根澤校點：《文體明辨序說》，郭紹虞主編《中國古典文學理論批評專著選輯》，人民文學出版社，1962年。

50. （清）顧炎武：《金石文字記》，文淵閣四庫全書本。

51. （清）顧藹吉：《隸辨》，（北京）中國書店據康熙五十七年（1718）項氏玉淵堂刻版影印，1982年。

52. （清）嚴可均校輯：《全上古三代秦漢三國六朝文》，中華書局，1958年。

53. （清）王昶編：《金石萃編》，（北京）中國書店，1985年。

54. （清）王昶編：《金石萃編未刻稿》，《續修四庫全書》第886冊，上海古籍出版社，2002年。

55. （清）陸增祥：《八瓊室金石補正》，文物出版社，1985年。

56. （清）黃本驥輯：《古誌石華》，《三長物齋叢書》，道光中湘陰蔣氏刊本。

57. （清）陸心源：《吳興金石記》，《續修四庫全書》第911冊，據清光緒刻潛圓總集本影印，上海古籍出版社，2002年。

58. （清）端方：《陶齋藏石記》，清宣統元年（1909）上海商務印書館石印本。

59. （清）梁玉繩：《誌銘廣例》，王雲五主編《叢書集成初編》，（上海）商務印書館，民國二十五年（1936）。

60. （清）葉昌熾撰、柯昌泗評：《語石·語石異同評》，中華書局，1994年。

61. （清）李富孫：《漢魏六朝墓銘纂例》，清朱記榮輯《行素草堂金石叢書》，清光緒戊子年（光緒十四年，1888）吳縣朱氏行素草堂刊本。

62. （清）錢詠撰，張偉點校：《履圓叢話》（清代史料筆記叢刊），中華書

局，1979 年。

63. （清）方若撰、王壯弘增補：《增補校碑隨筆》，上海書畫出版社，1984
年；上海書店出版社，2008 年「修訂本」。

64. （清）穆彰阿、潘錫恩等纂修：《大清一統志》，上海古籍出版社據《四
部叢刊續編》本影印，2008 年。

二、工具書

1. 《康熙字典》，中華書局，1958 年。

2. 中國社會科學院語言研究所詞典編輯室編：《現代漢語詞典》，（北京）商
務印書館，1978 年第 1 版，1983 年第 2 版，1996 年修訂第 3 版。

3. 《辭海》，上海辭書出版社，1989 年。

4. 譚其驤主編：《中國歷史地圖集》，中國地圖出版社，1982 年。

5. 史爲樂主編：《中國歷史地名大辭典》，中國社會科學出版社，2005 年。

三、考古資料

1. 葛家瑾：《江蘇江寧縣夾崗門鄉發現東晉古墓》，《文物參考資料》1955
年第 6 期。

2. 湖南省文物管理委員會：《長沙南郊爛泥沖晉墓清理簡報》，《文物參考
資料》1955 年第 11 期。

3. 湖北省文物工作隊：《武漢地區一九五六年一至八月古墓葬發掘概況》，
《文物參考資料》1957 年第 1 期。

4. 黃士斌：《漢魏洛陽城刑徒墳場調查記》，《考古通訊》1958 年第 6 期。

5. 湖南省博物館：《長沙兩晉南朝隋墓發掘報告》，《考古學報》1959 年第
3 期。

6. 南京市文物保管委員會：《南京老虎山晉墓》，《考古》1959 年第 6 期。

7. 甘肅省博物館：《甘肅武威磨嘴子漢墓發掘》，《考古》1960 年第 9 期。

8. 李蔚然：《南京富貴山發現晉恭帝玄宮石碣》，《考古》1961 年第 5 期。

9. 浙江省文物管理委員會：《杭州晉興寧二年墓發掘簡報》，《考古》1961
年第 7 期。

10. 鎮江市博物館：《鎮江市東晉劉尅墓的清理》，《考古》1964 年第 5 期。

11. 江西省文物管理委員會：《江西清江洋湖晉墓和南朝墓》，《考古》1965
年第 4 期。

12. 南京市文物保管委員會：《南京戚家山東晉謝鯤墓簡報》，《文物》1965
年第 6 期。

13. 南京市文物保管委員會：《南京人臺山東晉興之夫婦墓發掘報告》，《文

物》1965 年第 6 期。

14. 南京市文物保管委員會：《南京象山東晉王丹虎墓和二號、四號墓發掘簡報》，《文物》1965 年第 10 期。

15. 南京市博物館：《南京象山 5 號、6 號、7 號墓清理簡報》，《文物》1972 年第 11 期。

16. 山西大同市博物館、山西省文物工作委員會：《山西大同石家寨北魏司馬金龍墓》，《文物》1972 年第 3 期。

17. 南京博物院：《江蘇溧陽果園東晉墓》，《考古》1973 年第 4 期。

18. 南陽市博物館：《南陽發現東漢許阿瞿畫像石》，《文物》1974 年第 8 期。

19. 南京市文物管理委員會：《南京太平門外劉宋明曇憘墓》，《考古》1976 年第 1 期。

20. 鎮江市博物館：《劉岱墓誌簡述》，《文物》1977 年第 6 期。

21. 鄒厚本：《東晉張鎮墓碑誌考釋》，南京博物院《文博通訊》1979 年 10 月，總 27 期。

22. 南京市文物保管委員會：《南京郊區兩座南朝墓清理簡報》，《文物》1980 年第 2 期。

23. 伊川縣人民文化館：《河南省伊川縣出上徐浩書張庭珪墓誌》，《文物》1980 年第 3 期。

24. 安徽省文物工作隊：《安徽馬鞍山東晉墓清理》，《考古》1980 年第 6 期。

25. 武威地區文化館鍾長發、寧篤學：《武威金沙公社出上前秦建元十二年墓表》，《文物》1981 年第 2 期。

26. 南京博物院：《南京堯化門南朝梁墓發掘簡報》，《文物》1981 年第 12 期。

27. 南京市博物館、阮國林：《南京梁桂陽王蕭融夫婦合葬墓》，《文物》1981 年第 12 期。

28. 始皇陵秦俑坑考古發掘隊：《秦始皇陵西側趙背戶村秦刑徒墓》，《文物》1982 年第 3 期。

29. 南京市博物館、阮國林：《南京發現一座陳墓》，《文物資料叢刊》1983 年第 8 輯。

30. 鎮江博物館、劉建國：《鎮江東晉墓》，《文物資料叢刊》1983 年第 8 期。

31. 大同市博物館、馬玉基：《大同市小站村花圪塔北魏墓清理簡報》，《文物》1983 年第 8 期。

32. 曹汛：《北魏劉賢墓誌》，《考古》1984 年第 1 期。

33. 南京博物院、邳縣文化館：《東漢彭城相繆宇墓》，《文物》1984 年第 8 期。

34. 羅宗眞：《梁蕭敷墓誌的有關問題》，《考古》1986 年第 1 期。

35. 安徽省文物考古研究所、馬鞍山市文化局：《安徽馬鞍山東吳朱然墓發掘簡報》，《文物》1986 年第 3 期。

36. 南京博物院、吳榮清：《吳縣張陵山東山出土磚刻墓誌》，《文物》1987 年第 11 期。

37. 鎮江博物館：《江蘇鎮江諫壁磚瓦廠東晉墓》，《考古》1988 年第 7 期。

38. 大同市博物館：《大同東郊北魏元淑墓》，《文物》1989 年第 8 期。

39. 南京博物院：《梁朝桂陽王蕭象墓》，《文物》1990 年第 8 期。

40. 河南省偃師縣文物管理委員會：《偃師縣南蔡莊鄉漢肥致墓發掘簡報》，《文物》1992 年第 9 期。

41. 南京市博物館：《南京西善橋南朝墓》，《文物》1993 年第 11 期。

42. 李銀德、陳永清：《東漢永壽元年徐州從事墓誌》，《文物》1994 年第 8 期。

43. 南京市博物館、雨花區文化局：《南京南郊六朝謝琰墓》，《文物》1998 年第 5 期。

44. 南京市博物館、雨花區文化局：《南京南郊六朝謝溫墓》，《文物》1998 年第 5 期。

45. 南京市博物館、斯仁：《江蘇南京市中華門外鐵心橋出土南朝劉宋墓誌》，《考古》1998 年第 8 期。

46. 南京市博物館：《南京象山 8 號、9 號、10 號墓發掘簡報》，《文物》2000 年第 7 期。

47. 南京市博物館、雨花區文化局：《南京司家山東晉南朝謝氏家族墓》，《文物》2000 年第 7 期。

48. 南京市博物館：《南京呂家山東晉李氏家族墓》，《文物》2000 年第 7 期。

49. 南京市博物館：《江蘇南京仙鶴觀東晉墓》，《文物》2001 年第 3 期。

50. 王志高、周裕興、華國榮：《南京仙鶴觀東晉墓出土文物的初步認識》，《文物》2001 年第 3 期。

51. 南京市博物館：《南京北郊東晉溫嶠墓》，《文物》2002 年第 7 期。

52. 南京市博物館：《南京象山 11 號墓清理簡報》，《文物》2002 年第 7 期。

53. 南京博物院：《江蘇吳縣張陵山張氏墓群發掘簡報》，《南方文物》2005 年第 4 期。

54. 南京市博物館：《南京市郭家山東晉溫氏家族墓》，《考古》2008 年第 6 期。

55. 南京市博物館：《南京市靈山南朝墓發掘簡報》，《考古》2012 年第 11 期。

四、專題論著

1. 羅振玉輯：《六朝墓誌菁英》，民國丁巳年（1917）上虞羅氏影印本；（北京）中國書店，1990 年。

2. 朱希祖、朱偰編：《六朝陵墓調查報告》，「中央古物保管委員會調查報告第一輯」，中央古物保管委員會，民國二十四年（1935）。

3. 楊殿珣：《石刻題跋索引》，商務印書館，1940 年第 1 版，1990 年影印再版。

4. 郭玉堂：《洛陽出土石刻時地記》，大華書報供應社，1941 年。

5. 唐蘭：《中國文字學》，開明書店，1949 年第 1 版；上海古籍出版社，1979 年重印新 1 版。

6. 趙萬里：《漢魏南北朝墓誌集釋》，（北京）中國科學院考古研究所，1956 年。

7. 黃文弼：《高昌磚集》，（北京）科學出版社，1957 年。

8. 沈曾植撰，錢仲聯輯：《海日樓劄叢》，中華書局，1962 年。

9. 陳寅恪：《隋唐制度淵源略論稿》，中華書局，1963 年。

10. 羅振玉：《遼居稿》，《羅雪堂先生全集初編》，（臺灣）大通書局，1968 年。

11. 羅振玉：《石交錄》，《羅雪堂先生全集續編》，（臺灣）大通書局，1968 年。

12. 文物出版社：《蘭亭論辨》，1973 年編輯，1977 年出版。

13. 馬衡：《凡將齋金石叢稿》，中華書局，1977 年。

14. 陳垣：《二十史朔閏表附西曆回曆》，中華書局，1978 年。

15. 上海書畫出版社、華東師範大學古籍整理研究室選編：《歷代書法論文選》，上海書畫出版社，1979 年。

16. 南京市博物館編：《南京出土六朝墓誌》，文物出版社，1980 年。

17. 胡國瑞：《魏晉南北朝文學史》，上海文藝出版社，1980 年。

18. 王力：《龍蟲並雕齋文集》，中華書局，1980 年。

19. 王力：《漢語史稿》，中華書局，1980 年。

20. 啓功：《啓功叢稿》，中華書局，1981 年。

21. 丁文雋：《書法精論》，（北京）中國書店，1983 年。

22. 余嘉錫：《世說新語箋疏》，中華書局，1983 年第 1 版，2007 年第 2 版。

23. 中國社會科學院考古研究所：《殷墟婦好墓》，（北京）文物出版社，1985 年。

24. 呂思勉：《文字學四種》，上海教育出版社，1985 年。

25. 王壯弘、馬成名編：《六朝墓誌檢要》，上海書畫出版社，1985 年。

26. 秦公輯：《碑別字新編》，文物出版社，1985 年。

27. 周一良：《魏晉南北朝史札記》，中華書局，1985 年第 1 版，2007 年第 2 版。

28. 高文：《漢碑集釋》，河南大學出版社，1985 年第 1 版，1997 年第 2 版。

29. 王瑤：《中古文學史論》，北京大學出版社，1986 年。

30. 陳寅恪著、萬繩楠整理：《陳寅恪魏晉南北朝史講演錄》，黃山書社，1987 年。

31. 裘錫圭：《文字學概要》，商務印書館，1988 年。

32. 北京圖書館金石組編：《北京圖書館藏中國歷代石刻拓本彙編》，中州古籍出版社，1989 年。

33. 曹道衡、沈玉成：《南北朝文學史》，人民文學出版社，1991 年。

34. 周紹良、趙超編：《唐代墓誌彙編》，上海古籍出版社，1992 年。

35. 趙超：《漢魏南北朝墓誌彙編》，天津古籍出版社，1992 年。

36. 裘錫圭：《古文字論集》，中華書局，1992 年。

37. 馬子雲、施安昌：《碑帖鑒定》，廣西師範大學出版社，1993 年。

38. 榮麗華編集、王世民校訂：《1949～1989 四十年出土墓誌目錄》，中華書局，1993 年。

39. 羅宗眞：《六朝考古》（六朝叢書），南京大學出版社，1994 年。

40. 華人德主編：《三國兩晉南北朝墓誌》，劉正成主編《中國書法全集》第 13 卷，（北京）榮寶齋，1995 年。

41. 羅宗強：《魏晉南北朝文學思想史》，中華書局，1996 年。

42. 趙超：《中國古代石刻概論》，文物出版社，1997 年。

43. 李蔚然：《南京六朝墓葬的發現與研究》（南京文物叢書），四川大學出版社，1998 年。

44. 程章燦：《石學論叢》，臺灣大安出版社，1999 年。

45. 啓功：《古代字體論稿》，文物出版社，1999 年。

46. 王貴元：《馬王堆帛書漢字構形系統研究》，廣西教育出版社，1999 年。

47. 鄒厚本主編：《江蘇考古五十年》（江蘇文物叢書），南京出版社，2000 年。

48. 譚其驤：《長水粹編》，《二十世紀中國史學名著》，（石家莊）河北教育出版社，2000 年。

49. 趙超：《古代石刻》（二十世紀中國文物考古發現與研究叢書），文物出版社，2001 年。

50. 胡阿祥：《六朝疆域與政區研究》，西安地圖出版社，2001 年。

51. 許輝、邱敏、胡阿祥主編：《六朝文化》，江蘇古籍出版社，2001 年。

52. 洛陽古代藝術館，趙振華主編：《洛陽出土墓誌研究文集》，（北京）朝華出版社，2002 年。

53. 劉濤：《中國書法史·魏晉南北朝卷》，江蘇教育出版社，2002 年。

54. 王寧：《漢字構形學講座》，上海教育出版社，2002 年。

55. 華人德：《六朝書法》，上海書畫出版社，2003 年。

56. 趙超：《古代墓誌通論》（中國考古文物通論叢書），（北京）紫禁城出版社，2003 年。

57. 莊天明、淩波主編：《古代銘刻書法》，天津美術出版社，2003 年。

58. 羅維明：《中古墓誌詞語研究》，（廣州）暨南大學出版社，2003 年。

59. 賴非：《齊魯碑刻墓誌研究》，齊魯書社，2004 年。

60. 邵磊：《冶山存稿——南京文物考古論叢》，鳳凰出版社（原江蘇古籍出版社），2004 年。

61. 羅宗眞、王志高：《六朝文物》（六朝文化叢書），南京出版社，2004 年。

62. 歐昌海、李海霞：《六朝唐五代石刻俗字研究》，（成都）巴蜀書社，2004 年。

63. 王鏞主編：《中國書法簡史》，高等教育出版社，2004 年。

64. 寧夏博物館編著：《固原歷史文物》，科學出版社，2004 年。

65. 羅新、葉煒：《新出魏晉南北朝墓誌疏證》，中華書局，2005 年。

66. 呂思勉：《兩晉南北朝史》，上海古籍出版社，2005 年。

67. 張學鋒、傅江：《東晉文化》，周直主編《十朝故都文化叢書》，南京出版社，2005 年。

68. 胡阿祥：《宋書州郡志彙釋》，安徽教育出版社，2006 年。

69. 毛遠明：《漢魏六朝碑刻校注》，線裝書局，2008 年。

70. 陸明君：《魏晉南北朝碑別字研究》，（北京）文化藝術出版社，2009 年。

71. 方韜譯注：《山海經譯注》，中華書局，2009 年。

72. 孔祥軍：《晉書地理志校注》，新世界出版社，2012 年。

73. 毛遠明：《漢魏六朝碑刻異體字研究》，商務印書館，2012 年。

74. （日）中村圭爾：《六朝貴族制研究》，風間書房，1989 年。

75. （日）中田勇次郎編：《中國墓誌精華》，中央公論社，1975 年。

76. （日）中田勇次郎：《中田勇次郎著作集・心花室集》第二卷「中國書道史論考・魏晉南北朝篇」，二玄社，1984 年。

77. （日）矢野主稅：《改訂魏晉百官世系表》，長崎大學史學叢書 2，長崎大學史學會 1971 年發行，1997 年再版。

五、期刊論文

1. 馬衡：《石刻》，《考古通訊》1956 年第 1 期。

2. 郭沫若：《由王謝墓誌的出土論到蘭亭序的眞僞》，《文物》1965 年第 6 期。

3. 高二適：《〈蘭亭序〉的眞僞駁議》，原載 1965 年 7 月 23 日《光明日報》，《文物》1965 年第 7 期將手稿縮印刊載，後文物出版社 1973 年編輯《蘭亭論辨》時，依據《文物》縮印手稿重排收入。

4. 商承祚：《論東晉的書法風格並及〈蘭亭序〉》，原載《中山大學學報》（哲學社會科學版）1966 年第 1 期，後收入《蘭亭論辨》（下編），文物出版社 1973 年編輯，1977 年。

5. 侯鏡昶：《論鍾王眞書和〈蘭亭序〉的眞僞》，《南京大學學報》1977 年第 3 期。

6. 金琦：《墓誌史話》，南京博物院《文博通訊》1979 年 10 月，總 27 期。

7. 新疆維吾爾自治區博物館、新疆社會科學院考古研究所：《建國以來新疆考古的主要收穫》，文物編輯委員會編《文物考古工作三十年（1949～1979)》，（北京）文物出版社，1979 年，第 169～183 頁。

8. 羅宗眞：《略論江蘇地區出土六朝墓誌》，《南京博物院集刊》1980 年第 2 期。

9. 白英：《從出土文物看魏晉南北朝士族門閥制度》，《南京博物院集刊》1980 年第 2 期。

10. 喻蘅：《從懷仁集〈聖教序〉試析〈蘭亭序〉之疑》，《復旦學報》（社會科學版）1980 年第 2 期。

11. 周紹良：《〈蘭亭序〉眞僞考》，《中國社會科學》1980 年第 4 期。

12. 周傳儒：《論〈蘭亭序〉的眞實性兼及書法發展方向問題》，《中國社會科學》1981 年第 1 期。

13. 朱鑄禹：《〈蘭亭序〉再議》，《南開學報》1981 年第 3 期。

14. 羅宗眞：《南京新出土梁代墓誌評述》，《文物》1981 年第 12 期。

15. 庚人俊：《關於晉朝的書體問題》，《書法研究》1982 年第 1 期。

16. 馬里千：《晉代書體與〈蘭亭序帖〉》，《書法研究》1982 年第 1 期。

17. 翁鼐：《〈蘭亭序〉之管見》，《書法研究》1982 年第 1 期。

18. 袁仲一、程學華：《秦始皇陵西側刑徒墓地出土的瓦文》，中國考古學會編《中國考古學會第二次年會論文集（1980 年）》，文物出版社，1982 年，第 186～195 頁。

19. 《梁桂陽王蕭融夫婦墓誌》，《書法叢刊》第 4 輯，文物出版社，1982 年 9 月。

20. 《梁蕭敷、王氏墓誌銘》，《書法叢刊》第 5 輯，文物出版社，1982 年 12 月。

21. 張果詮：《〈爨龍顏碑〉的書法藝術、書者及其影響》，《書法研究》1983 年第 1 期。

22. 趙超：《墓誌溯源》，《文史》第 21 輯，中華書局，1983 年。

23. 應成一：《從社會文化發展觀看〈蘭亭序〉書體發生並存在於東晉時代之可能性》，《書學論集》，上海書畫出版社，1985 年，第 127～151 頁。

24. 汪慶正：《南朝石刻文字概述》，《文物》1985 年第 3 期。

25. 阮國林：《從新出土墓誌看南朝書法體勢》，《書學論集》，上海書畫出版社，1985 年，第 167～170 頁。

26. 王崗、蕭雯：《六朝的書法美學思想》，《書法研究》1986 年第 4 期。

27. 賀雲翱：《南方六朝墓中出土文字雜識》，《東南文化》（第三輯），江蘇古籍出版社，1988 年。

28. 劉鳳君：《南北朝石刻墓誌形制探源》，《中原文物》1988 年第 2 期。

29. 徐自強：《墓誌淺論》，《華夏考古》1988 年第 3 期。

30. 羅宗真：《從南朝出土墓誌看南北士族關係》，《東南文化》1989 年第 2 期。

31. 宋英：《碑誌別體字淺析》，《人文雜誌》1989 年第 2 期。

32. 沙孟海：《兩晉南北朝書迹的寫體與刻體：〈蘭亭帖〉爭論的關鍵問題》，「中日書法討論會暨 1987 年中日蘭亭書會」（浙江紹興，1987 年 4 月 9 日）上宣讀，後刊於《新美術》（浙江美術學院學報）1990 年第 3 期。

33. 王去非、趙超：《南京出土六朝墓誌綜考》，《考古》1990 年第 10 期。

34. 喻蘅：《〈蘭亭序〉論戰廿五年綜析與辨思》，《復旦學報》（社會科學版）1991 年第 3 期。

35. 宿白：《武威行——河西訪古叢考之一（上）》，《文物天地》1992 年第 1 期。

36. 南京市博物館：《南京市博物館藏六朝墓誌》，《東南文化》1992 年第 5 期。

37. 張敏：《劉宋〈明曇憘墓誌銘〉考略》，《東南文化》1993 年第 2 期。

38. 虞衛毅：《虛佇神素 脫然畦封——略論〈程虔墓誌〉的書藝特徵》，《書法賞評》1993 年第 3 期。

39. 王玉池：《王羲之與道教和〈蘭亭序〉文章問題》，《中國書法》1993 年第 4 期。

40. 胡阿祥：《中古時期郡望郡姓地理分佈考釋》，《歷史地理》第 11 輯，上海人民出版社，1993 年版。

41. 王素：《陳黃法氍墓誌校證》，《文物》1993 年第 11 期。

42. 熊基權：《墓誌起源新說》，《文物春秋》1994 年第 1 期。

43. 清水凱夫：《王羲之〈蘭亭序〉不入選問題的研究》，《河北大學學報》（哲社版）1994 年第 2 期。

44. 李春敏：《十六國漢護國定遠侯墓誌》，《文物天地》1994 年第 3 期。

45. 王素：《前秦建元二年護國定遠侯墓誌考釋》，《文物天地》1994 年第 3 期。

46. 鄭建芳：《最早的墓誌——戰國刻銘墓碑》，《中國文物報》1994 年 6 月 19 日。

47. 李學勤：《也談鄒城張莊的磚文》，《中國文物報》1994 年 8 月 14 日。

48. 毛萬寶：《1965 年以來蘭亭論辨之透視》，《書法研究》1994 年第 4 期。

49. 黃展岳：《早期墓誌的一些問題》，《文物》1995 年第 12 期。

50. 馮時、金文馨：《墓誌起源芻議》，《中國文物報》1996 年 3 月 31 日。

51. 邵磊：《南朝墓誌書人身份辨析》，《蘇州大學學報》（哲學社會科學版）1996 年第 2 期。

52. 朱國平、王奇志：《南京西善橋「輔國將軍」墓誌考》，《東南文化》1996 年第 2 期。

53. 王志高、董盧：《六朝買地券綜述》，《東南文化》1996 年第 2 期。

54. 王志高、邵磊：《南京西善橋南朝墓誌質疑——兼述六朝買地券》，《東南文化》1997 年第 1 期。

55. 羅宗真：《從考古資料看六朝謝氏家族的興衰》，《東南文化》1997 年第 4 期。

56. 李朝陽：《呂他墓表考述》，《文物》1997 年第 10 期。

57. 卞孝萱：《〈蘭亭序〉墨迹是怎樣從佛寺進入宮廷的》，《東南文化》1998 年第 4 期。

58. 李儲森、張曉光、孫建華：《山東發現東漢墓誌一方》，《文物》1998 年第 6 期。

59. 陳星燦：《墓上建築始於何時》，《中國文物報》1998 年第 39 期。

60. 鄧葉君、楊春富：《安陽出土十六國後趙魯潛墓誌》，《中國文物報》1998年第 50 期。

61. 鄭重：《回眸〈蘭亭論辨〉》，《文匯報》1998 年 11 月 26 日。

62. 王元軍：《從六朝士人不屑碑誌看「蘭亭論辯」的失誤》，《光明日報》1998 年 12 月 4 日。

63. 賀雲翔：《〈齊故平南將軍太中大夫金鄉縣開國侯趙君墓誌銘序〉及其考釋》，《南方文物》1999 年第 2 期。

64. 吳煒：《墓誌銘起源初探》，《東南文化》1999 年第 3 期。

65. 李士彪：《漢魏六朝的禁碑與碑文的演變》，《中國典籍與文化》1999 年第 4 期。

66. 邵磊：《南朝墓誌書人身份辨析》，《蘇州大學學報》（哲社版）1996 年第 2 期。

67. 沈懷興：《婚·娶·妻·丈夫》，《漢字文化》2000 年第 1 期。

68. 盧海鳴：《論六朝石刻的藝術成就》，《南京師範專科學校學報》2000 年第 2 期。

69. 胡舜慶、姜林海：《南京出土東晉王氏四方墓誌書法評析》，《書法叢刊》2000 年第 4 期。

70. 王志高、胡舜慶：《南京出土東晉李氏家族墓誌書法評析》，《書法叢刊》2000 年第 4 期。

71. 羅宗真：《魏晉南北朝突破性發展的書法碑誌》，《東南文化》2000 年第 8 期。

72. 叢文俊：《關於魏晉書法史料的性質與學術意義的再認識——兼及「蘭亭論辯」》，華人德、白謙慎主編《蘭亭論集》，蘇州大學出版社，2000 年，第 230～259 頁。

73. 王玉池：《有關「蘭亭論辨」二題》，華人德、白謙慎主編《蘭亭論集》，蘇州大學出版社，2000 年，第 279～283 頁。

74. 劉濤：《東晉銘刻書迹的體態及相關問題——兼談神龍本〈蘭亭〉》，華人德、白謙慎主編《蘭亭論集》，蘇州大學出版社，2000 年，第 298～309 頁。

75. 程章燦：《讀任昉〈劉先生夫人墓誌〉並論南朝墓誌文體格——讀〈文選〉札記》，趙福海、劉琦、吳曉峰主編《〈昭明文選〉與中國傳統文化——第四屆文選學國際學術研究討會論文集》（吉林文史出版社學術研究文庫），吉林文史出版社，2001 年。

76. 劉濤：《魏晉南朝的禁碑與立碑》，《故宮博物院院刊》2001 年第 3 期。

77. 路遠：《後秦〈呂他墓表〉與〈呂憲墓表〉》，《文博》2001 年第 5 期。

78. 范淑英：《漢三國兩晉南北朝碑銘誌墓習俗的發展及演變》，《碑林集刊》

第 7 輯，陝西人民美術出版社，2001 年，第 265～285 頁。

79. 汪小烜：《1990～1999 新出漢魏南北朝墓誌目錄》，武漢大學《魏晉南北朝隋唐史資料》第 18 輯，武漢大學出版社，2001 年。

80. 紀紅：《「蘭亭論辨」是怎樣的「筆墨官司」》，《書屋》2001 年第 1 期。

81. 劉濤《〈王建之妻劉媚子墓誌〉中的「淫陽」》，《文物》2002 年第 7 期。

82. 王玉池：《出土墓誌對王、謝大族傳世宗譜的補正》，《第五屆中國書法史論國際研討會論文集》，文物出版社，2002 年，第 103～110 頁。

83. 華國榮：《六朝墓葬中的墓誌》，《第五屆中國書法史論國際研討會論文集》，文物出版社，2002 年，第 111～113 頁。

84. 阮國林：《從南京出土墓誌看東晉、南朝書體之特點》，《第五屆中國書法史論國際研討會論文集》，文物出版社，2002 年，第 114～120 頁。

85. 王志高：《六朝墓誌及買地券書法述略》，《第五屆中國書法史論國際研討會論文集》，文物出版社，2002 年，第 121～136 頁。

86. 袁道俊：《六朝墓誌的若干特點》，《第五屆中國書法史論國際研討會論文集》，文物出版社，2002 年，第 137～145 頁。

87. 邵磊：《六朝墓誌撝談》，《第五屆中國書法史論國際研討會論文集》，文物出版社，2002 年，第 150～165 頁；後收入氏著《冶山存稿——南京文物考古論叢》，鳳凰出版社（原江蘇古籍出版社），2004 年，第 121～132 頁。

88. 尹一梅：《從建康出土的東晉墓誌看書體的地方風格》，《第五屆中國書法史論國際研討會論文集》，文物出版社，2002 年，第 166～172 頁。

89. 謝光輝：《南碑述論》，《第五屆中國書法史論國際研討會論文集》，文物出版社，2002 年，第 173～182 頁。

90. 胡舜慶：《六朝時期南京書壇概況》，《第五屆中國書法史論國際研討會論文集》，文物出版社，2002 年，第 400～499 頁。

91. 程章燦：《關於墓誌文體的三個問題》，南開大學文學院中文系編《魏晉南北朝文學與文化論文集》，南開大學出版社，2002 年，第 133～143 頁。

92. 劉宗意：《東晉王氏墓誌之「白石」考》，《江蘇地方志》2002 年第 2 期。

93. 余扶危、王建華、余黎星：《洛陽出土隋唐以前墓誌名稱略說》，洛陽古代藝術館、趙振華主編《洛陽出土墓誌研究文集》，（北京）朝華出版社，2002 年，第 210～276 頁。

94. 毛遠明：《讀漢魏六朝石刻札記》，《成都師專學報》2002 年第 3 期。

95. 李永明：《中國古代墓誌銘的源流》，《山東圖書館季刊》2003 年第 1 期。

96. 熊基權：《魏晉以來墓誌流變》，《文物春秋》2003 年第 5 期。

97. 楊映琳：《南京出土的東晉溫嶠墓評析》，《廣西社會科學》2003 年第 5 期。

98. 秦冬梅：《論東晉北方士族與南方社會的融合》，《北京師範大學學報》（社會科學版）2003 年第 5 期。

99. 邱永君：《墓誌與墓誌銘》，《尋根》2003 年第 6 期。

100. 劉守堯：《百花齊放　爭奇鬥豔——由南京出土的碑石看六朝時期金陵書風》，《南京理工大學學報》（社會科學版）2003 年第 6 期。

101. 王志高：《溫嶠考略》，殷憲主編《北朝史研究——中國魏晉南北朝史國際學術研討會論文集》，（北京）商務印書館，2004 年，第 32～44 頁。

102. 張學鋒：《南京司家山出土謝氏墓誌研究》，《南京曉莊學院學報》2004 年第 3 期。

103. 陳雅飛：《中國大陸〈蘭亭序〉真偽論辨回顧》，《浙江大學學報》（人文社會科學版）2004 年第 3 期。

104. 馬新宇：《試論北朝墓誌題銘的文化蘊涵及書體的裝飾性問題》，中國書法家協會學術委員會編《全國第六屆書學討論會論文集》，（鄭州）河南美術出版社，2004 年，第 376～385 頁。

105. 程章燦：《墓誌文體起源新論——兼對諸種舊說的辯證》，2004 年 11 月中山大學中文系主辦「中國古代文體史與文體學國際學術研討會」提交論文。

106. 魏平：《〈漢魏南北朝墓誌彙編〉標點辨誤》，《古籍整理研究學刊》2004 年第 1 期。

107. 河南報業網訊：《中國最早的墓誌》，www.hnby.com.cn，2005 年 1 月 27 日。

108. 費伶伢：《南朝女性墓誌的考釋與比較研究》，《東南文化》2005 年第 2 期。

109. 朱智武：《從墓誌地名看東晉南朝陳郡謝氏之浮沉》，《南京農業大學學報》（社會科學版）2005 年第 3 期。

110. 程章燦：《墓誌文體起源新論》，《學術研究》2005 年第 6 期。

111. 王盛婷：《試說漢魏南北朝碑刻婚姻詞》，《古籍整理研究學刊》2005 年第 6 期。

112. 張繼海：《〈新出魏晉南北朝墓誌疏證〉出版》，《中國史研究動態》2005 年第 12 期

113. 張學鋒：《南京象山東晉王氏家族墓誌研究》，牟發松主編《社會與國家關係視野下的漢唐歷史變遷》，（上海）華東師範大學出版社，2006 年，第 319～336 頁。

114. 王盛婷：《試說漢魏六朝碑同根葬詞》，《西華師範大學學報》（哲學社會科學版）2006 年第 2 期。

115. 王盛婷：《六朝碑刻辭語札記》，《中國典籍與文化》2006 年第 3 期。

116. 陸揚：《從墓誌的史料分析走向墓誌的史學分析——以〈新出魏晉南北朝墓誌疏證〉爲中心》，《中華文史論叢》2006 年第 4 期。

117. 李乃龍：《墓誌的文體特徵與〈文選〉「墓誌」箋論》，《廣西社會科學》2007 年第 2 期。

118. 江嵐：《〈新出魏晉南北朝墓誌疏證〉錄文勘誤六則》，《四川職業技術學院學報》2007 年第 2 期

119. 朱智武：《東晉南朝出土墓誌若干問題探析》，《南京農業大學學報》（社會科學版）2007 年第 3 期。

120. 朱智武：《東晉南朝出土墓誌中的歷史地理問題研究舉例》，《南京曉莊學院學報》2007 年第 5 期，後收入李洪天主編《回望如夢的六朝——六朝文史論集》，鳳凰出版社，2009 年。

121. 李海榮：《試論六朝銘文石刻的書體演變》，《南京社會科學》2007 年第 6 期。

122. 張銘心：《十六國時期碑形墓誌源流考》，《文史》2008 年第 2 輯。

123. 王俊、邵磊《百濟武寧王墓誌與六朝墓誌的比較研究》，《南方文物》2008 年第 3 期。

124. 朱智武：《中國古代墓誌起源新論——兼評諸種舊說》，《安徽史學》2008 年第 3 期。

125. 魏平：《〈漢魏南北朝墓誌彙編〉文字校正》，《漳州師範學院學報》2008 年第 4 期。

126. 趙陽陽：《〈新出魏晉南北朝墓誌疏證〉校讀札記》，南京大學古典研究所編《古典文獻研究》（第十一輯），鳳凰出版社，2008 年，第 497～504 頁。

127. 劉天琪：《關於墓誌形制的幾個問題》，《絲綢之路》2009 年第 18 期。

128. 朱智武：《六朝墓誌的撰者與書人身份辨析》，《徐州師範大學學報》（哲學社會科學版）2010 年第 1 期。

129. 《一部特色鮮明的碑刻文獻著作——〈漢魏六朝碑刻校注〉評介》，《重慶教育學院學報》2010 年第 2 期。

130. 何山：《碑刻文獻的巨著，文史研究的寶藏——〈漢魏六朝碑刻校注〉評介》，《西華大學學報》（社會科學版）2010 年第 3 期。

131. 朱智武：《東晉南朝出土墓誌資料概述》，《南京理工大學學報》（社會科學版）2010 年第 3 期。

132. 李路平：《〈魯潛墓誌〉河南偽造》，《書畫世界》2010 年第 5 期。

133. 李路平：《〈魯潛墓誌〉爲新造確有根據》，《中國社會科學報》2010 年 11 月 4 日。

134. 鄭志剛：《〈魯潛墓誌〉略説》，《書畫世界》2010 年第 5 期。

135. 李發：《獨闢蹊徑　洞察精微——評毛遠明〈漢魏六朝碑刻校注〉》，《西南大學學報》（社會科學版）2010 年第 6 期。

136. 孟憲武、殷傑、申明清：《還歷史一點清白——記魯潛墓誌發現和收繳過程眞相》，《殷都學刊》2011 年第 3 期。

137. 裴蘭婷：《隋代墓誌銘文點校獻疑——〈新出魏晉南北朝墓誌疏證〉校讀札記》，《傳奇·傳記文學選刊》（理論研究）2011 年第 3 期。

138. 梁春勝：《〈新出魏晉南北朝墓誌疏證〉疏誤舉正》，《河北大學學報》（哲學社會科學版）2011 年第 3 期。

139. 梁春勝：《〈漢魏六朝碑刻校注〉商兌》，《河北師範大學學報》（社會科學版）2011 年第 4 期

140. 劉志生：《六朝墓誌詞語零釋》，《吉首大學學報》（社會科學版）2011 年第 5 期。

141. 朱智武：《東晉南朝墓誌研究綜述與理論思考》，《中國史研究動態》2011 年第 6 期。

142. 劉秀梅、毛遠明·《墓誌異名考釋》，《廣西社會科學》2011 年第 9 期。

143. 朱智武：《東晉南朝墓誌俗字及其成因探析》，《南京曉莊學院學報》2012 年第 1 期。

144. 毛忠剛：《〈漢魏六朝碑刻校注〉補正》，《古籍整理研究學刊》2012 年第 1 期

145. 張慧穎：《〈漢魏六朝碑刻校注〉訂補》，《瀋陽師範大學學報》（社會科學版）2012 年第 2 期。

146. 劉志生《魏晉南北朝墓誌詞語小釋》，《雞西大學學報》2012 年第 3 期。

147. 朱智武：《「蘭亭論辯」與六朝墓誌書法研究綜述》，《南京理工大學學報》（哲學社會科學版）2012 年第 3 期。

148. 梁春勝：《〈漢魏六朝碑刻校注〉校讀舉正》，《長江學術》2012 年第 4 期。

149. 劉志生、黃友福《六朝墓誌詞語零劄》，《韓山師範學院學報》2012 年第 4 期。

150. 邵磊：《南京靈山梁代蕭子恪墓的發現與研究》，《南京曉莊學院學報》2012 年第 5 期。

151. 王佳月《試論兩晉墓誌的演變和等級性》，《東南文化》2012 年第 5 期。

152. 鄭邵琳：《〈漢魏六朝碑刻校注〉釋文校補》，《中國文字研究》第 16 輯，上海人民出版社，2012 年，第 111～115 頁。

153. 梁春勝：《〈漢魏六朝碑刻校注〉商榷》，《語言研究集刊》第 9 輯，上海辭書出版社，2012 年，第 300～311 頁。

154. 朱智武：《東晉南朝墓誌文體演進及其文化意蘊》，西安碑林博物館編《碑林集刊》第 18 輯，陝西出版集團三秦出版社，2012 年，第 142～159 頁。

155. 孫小嫻：《略談墓誌銘的名目和異名》，《文學界》（理論版）2012 年第 9 期。

156. 孟國棟：《墓誌的起源與墓誌文體的成立》，《浙江大學學報》（人文社會科學版）2013 年第 3 期

157. 華人德：《論東晉墓誌兼及蘭亭論辨》，臺灣《故宮學術季刊》1995 年第 1 期；《書法研究》1997 年第 6 期；華人德、白謙慎主編《蘭亭論集》，蘇州大學出版社，2000 年；華人德著《六朝書法》，上海書畫出版社，2003 年。

158. 蘇啓明：《魏晉南北朝書法小史》，臺灣《國立歷史博物館館刊》（歷史文物）第 10 期，2000 年 12 月。

159. 沈國儀、陶冠群：《高崧墓誌與〈蘭亭序〉》，臺灣《書友》總 145 期，1999 年 4 月。

160. 林宗閱：《漢魏南北朝墓誌釋注計劃簡介》，《臺大歷史系學術通訊》第 3 期，2009 年 5 月。

161. 林宗閱：《漢魏南北朝墓誌釋注（二）：溫嶠墓誌》，《臺大歷史系學術通訊》第 4 期，2009 年 8 月。

162. 林楓鈺：《漢魏南北朝墓誌釋注（三）：溫式之墓誌》，《臺大歷史系學術通訊》第 5 期，2009 年 11 月。

163. 吳修安：《漢魏南北朝墓誌釋注（四）：高崧及其妻謝氏墓誌》，《臺大歷史系學術通訊》第 6 期，2010 年 2 月。

164. 邱建智：《漢魏南北朝墓誌釋注（六）：謝球墓誌》，《臺大歷史系學術通訊》第 8 期，2010 年 8 月。

165. 涂宗呈：《漢魏南北朝墓誌釋注（七）：王企之墓誌》，《臺大歷史系學術通訊》第 9 期，2010 年 11 月。

166. 劉永中、林宗閱：《漢魏南北朝墓誌釋注（八）：謝溫墓誌》，《臺大歷史系學術通訊》第 10 期，2011 年 4 月。

167. Hua, Rende. "Eastern Jin epitaphic stones: with some notes on the 'Lanting Xu' debate." Early Medieval China 3（1997）.

168. Zhao Chao. "Stone inscriptions of the Wei-Jin Nanbeichao period". translated

by Victor Xiong. Early Medieval China 1（1994）.

169. （德）安然（Annette Kieser）：《魂返故土還是寄託異鄉——從墓葬和墓誌看東晉的流徙士族》，《東南文化》2002 年第 9 期，後收入蔣贊初主編《南京大學歷史系考古專業成立三十週年論文集》，天津人民出版社，2002 年，第 290～295 頁。

170. （日）川合安：《六朝〈謝氏家族墓誌〉について》，《古代文化》2002 年第 2 號，總第 54 卷。

171. （日）川合安：《東晉の墓誌》，《平成 14 年度東北大學教育研究共同プロジェクト成果報告書》，東北大學大學院文學研究科，2003 年 3 月，第 52～66 頁。

172. （日）中村圭爾：《東晉南朝の碑‧墓誌について》，《昭和 61‧62 年度科學研究費補助金一般研究（A）成果報告書》，「比較史の觀點による史料學の綜合研究」，1989 年 3 月印刷。

173. （日）佐藤利行、先坊幸子：《「謝琰墓誌」について》，《中國中世文學研究》，第 35 號，1999 年 1 月。

174. （日）福原啓郎：《西晉の墓誌の意義》，礪波護編《中國中世の文物》，京都大學人文科學研究所，1993 年版，第 315～369 頁。

175. （日）中村圭爾，劉馳譯：《關於南朝貴族地緣性的考察——以對僑郡縣的探討爲中心》，《南京曉莊學院學報》2005 年第 4 期。

176. （日）中村圭爾、室山留美子：《魏晉南北朝墓誌人名地名索引》，平成 20 年度科學研究費補助金報告書，2008 年 9 月。

177. （日）中村圭爾、室山留美子：《魏晉南北朝墓誌官職名索引》，平成 17 年度～21 年度文部科學省特定領域研究成果報告，2009 年 11 月。

178. 窪添慶文《墓誌的起源及其定型化》，中國魏晉南北朝史學會、武漢大學中國三至九世紀研究所編《魏晉南北朝史研究：回顧與探索》（中國魏晉南北朝史學會第九屆年會論文集），湖北教育出版社，2009 年，第 674～694 頁。

六、學位論文

1. 魏平：《漢魏南北朝墓誌同根詞研究》，西南師範大學 2004 年碩士學位論文。

2. 魏萍：《南北朝墓誌銘簡體異體字研究》，西南師範大學 2004 年碩士學位論文。

3. 劉盛舉：《魏晉南北朝墓誌銘用韻初探》，西南師範大學 2004 年碩士學位論文。

4. 王盛婷：《漢魏六朝碑刻禮俗詞語研究》，西南師範大學 2004 年碩士學

位論文。

5. 金小棟：《魏晉南北朝石刻年齡詞語研究》，西南師範大學 2005 年碩士學位論文

6. 陳小青：《北魏墓誌校讀札記》，南京師範大學 2005 年碩士學位論文。

7. 郝晉陽：《魏晉南北朝墓誌中的假借字研究》，西南師範大學 2005 年碩士學位論文。

8. 劉燕：《魏晉南北朝墓誌高頻構詞語素研究》，西南師範大學 2005 年碩士學位論文。

9. 袁步昌：《東魏墓誌校讀札記》，南京師範大學 2006 年碩士學位論文。

10. 李發：《漢魏六朝墓誌人物品評詞研究》，西南大學 2006 年碩士學位論文。

11. 趙陽陽：《洛陽出土北魏墓誌叢劄》，南京師範大學 2007 年碩士學位論文。

12. 吳爲民：《六朝碑刻喪葬詞語研究》，西南大學 2008 年碩士學位論文。

13. 黃蓓：《魏晉南北朝墓誌銘流變及文體特徵研究》，華中師範大學 2009 年碩士學位論文。

14. 黃瀟：《南京市區六朝墓葬分佈研究》，南京大學 2011 年碩士學位論文。

15. 吳詩影：《建康地區已出土東晉墓誌書法研究》，華東師範大學 2012 年碩士學位論文。

七、網絡資源

1. http://lib.nju.edu.cn/nju_resource.htm，「中國歷代石刻史料彙編」。

2. http://www5.nlc.gov.cn/rubbinglmg，中國國家圖書館──數字資源──碑帖菁華。

3. http://bs.sxdx.zj.cn/lt/20/，「歷屆蘭亭書法節回顧」。

後　記

　　回想 29 年來的人生旅程，感喟萬千！自 1984 年踏進校堂門，時至今日在學校裏度過的年歲竟已達 22 個春秋！在學校這方象牙塔裏呆久了，呆慣了，在即將踏入社會時，有那麼些惶恐，有那麼些焦慮……然而更多想到的是感恩！想對在我 22 年求學生涯中一直予以鼓勵和支持的家人親戚、老師同學、朋友戀人眞誠地道聲感謝！

　　兄弟姊妹五人，我排行老么，與大姊年歲相差一屬有餘，因此自幼受祖父、父母、兄姊疼愛。孰料命運多舛，垂髫之年，祖父、父親即相繼去世，留下孤兒寡母艱難度日（是時，父親年僅 47 歲，不及知天命即遭庸醫誤診而逝；母親亦方過不惑之年）。二十年來，在親朋好友的幫助下，母親含辛茹苦地將我們兄弟姊妹拉扯大。個中艱辛，自難以此寥寥數語全盤道出。如今兄姊業已成家生子，我亦即將完成學業走上工作崗位，而母親也老了許多。每每念及年屆花甲而仍於家中操勞的母親，我總不禁潸然淚下……不僅爲自己至今尚無什經濟能力讓母親過點比較舒適的生活感到羞愧，也對母親無怨無悔全力支持我求學的無私之舉感激萬分！所以，在這裡我要感謝我平凡而偉大的母親，以及支持、理解我的兄姊親戚！

　　我求學之路上遇到的首位良師，是二十年來一直慷慨無私地給予我和我家人諸多幫助的姑父，也是我的啓蒙老師潘上余先生，是他啓發了我對知識的渴求；讓我對文史產生興趣的，則是賽口中學與望江二中的王成傑、馮淵、陶紅玉三位老師。阜陽師範學院歷史系四年，蘇鳳捷、張寧、徐修宜、施全豐、吳海濤、盧少求、劉家富等先生的傾心教導和培養，讓我感受到歷史學的精彩，也使我產生了對學術的嚮往之心；吳礜、蘇紅香、張軍、施海

濤、張德秀、高志江、徐曙光、黃開升、程東海、劉信寶、劉豔、劉筱、李春梅、王麗、萬鳴、翟素芳、吳仲昆、湯忠斌、王銘、王小燕等同學、同鄉、朋友，不僅在生活、學習上對我有諸多幫助，也讓我擁有了無比純眞的友情。

2000 年，我來到南京大學歷史系讀碩士研究生，師從鄒旭光先生學習先秦學術思想文化，鄒師的悉心教導和培養，讓我初窺學術門徑，並對學術產生了濃厚興趣。2003 年碩士畢業後，我隨即考入胡阿祥師門下，攻讀博士學位，以中國歷史人文地理和魏晉南北朝史爲研究方向。胡師不僅在學術上對我予以精心指導和辛勤栽培，讓我醉心於學術的追求，而且在生活上也是關懷有加，提供了諸多的幫助，在學術、爲人、處事等方面都給了我極好的指導和教誨；師母牛勇女士在我學習、生活感到困惑時，也給了我積極鼓勵與熱心開導，讓我能安心於學習。

在南京大學學習的六年中，我還有幸得到張學鋒、賀雲翱、顏世安、范毓周、范金民、夏維中、程章燦等諸位先生的指導和關照，以及特木勒、吳桂兵、韓文寧、李立、沈漂漂、張愛妹等老師的幫助。陳懷健、劉新光、葉紅、胡曉明、錢鋒、周婷、夏愛軍、張建中、李平、張世才、莫宏偉、楊旗、楊長年、溫立峰、丁以德、宋飛、孔剛、魏秀春、趙東升、勇素華、陳明鋒、邢東升、楊駿、張可輝、孔祥軍、小尾孝夫、宮海峰、劉志剛、汪亮、魏文靜、劉濤、張小坡、張文華、宋豔梅、何毅群、王衛婷、張俊飛、彭玲、呂俏霞、胡運宏、顏公平、賴萍、郭敏、張曉梅等同學、同門、朋友，或在我生活拮据時，慷慨解囊、予以援手；或在我心情鬱悶時，傾心交談、耐心開導；或在我遇到學術難題無法釋懷時，煮酒品茗、坐而論道。戀人秦翠紅，與我志同道合，不僅在精神上給予我諸多慰藉，生活上細心照料，還在學問上共同探討、相扶相攜，在博士論文寫作過程中更是給了我極大的支持與鼓勵。

在博士論文準備與材料搜集過程中，我還得到了南京市文物局韓品崢副局長、南京市博物館王志高研究員、南京市博物院考古部趙東升先生、南京大學高級進修生日本東北大學教師小尾孝夫先生、臺灣成功大學鄭芳祥博士、臺灣大學汪沁學士的熱心指導和鼎力相助；南京大學圖書館古籍部史梅、李燕，樣本書庫王振莉，藝術閱覽室饒薇，期刊閱覽室王妙轉、田曉麗等老師，在我查閱文獻資料時也提供了諸多方便。值得一提的是，南京大學

歷史系考古專業張學鋒教授、賀雲翱教授、南京市博物館王志高研究員，還在繁忙的教學、科研工作中抽出時間參加了我的博士論文開題，不僅提出了許多具有建設性的意見與指導性的建議，還無私提供了相關材料與個人研究成果，爲我博士論文的寫作順利完成創造了十分便利的條件。

我能夠順利完成學業，離不開所有關心和幫助過我的家人親戚、老師同學、朋友戀人，讓我再次對他們致以眞誠的謝意！也對六年來培養我，爲我學習、生活、研究提供了良好條件與氛圍的南京大學、南京大學歷史系，表示發自肺腑的感謝！

博士論文當初選題，緣於 2003 年博士入學之初，我在與胡師的一次交流中，言及我想選擇一個比較有新意而包融性又比較強的研究課題，不僅博士學習期間可做，而且今後的學術生涯中尚有進一步發展的空間。胡師當即建議我以東晉、南朝出土墓誌爲專題研究對象，從歷史、歷史地理、考古、文學、文字、書法等不同角度切入，做綜合性研究；在前人相關研究的基礎上，作全面而深入的探討。並言這不僅是對出土文物資料的系統整理與研究，還可爲將來相關研究的開展奠定基礎。巧合的是，我大學期間曾沉迷於書學，尤其是偏愛魏碑書法，臨摹過幾年相關碑帖，雖因資質鄙陋，於書法最終無所成就，然對魏碑也因此而有了初步瞭解，故很爽快地接受了胡師的建議。

光陰荏苒，三年博士求學生涯即將過去，雖經不懈努力，有了如今這篇博士論文，然終因東晉、南朝墓誌材料內容異常豐富，某些方面已超出我目前學力所能把握之範疇，加之我性情天生好動，不夠沉潛，才智亦屬平庸之輩，研究未能更加深入、全面，留下了一些缺憾與不足，恐怕有失胡師所望。無奈，只能寄希望於今後的努力了。目前這篇尚不夠成熟的博士論文，就權當作我學術生涯蹣跚起步的一個記錄吧，也爲自己這三年時光沒有虛擲而作一個見證吧。

2006 年 4 月 11 日夜，朱智武謹識於南京市
上海路 148 號南京大學博士生公寓甲樓 6 號 1 室

附記：

本書是在作者申請博士學位論文的基礎上補充、修訂而成的，內容雖有部分擴展，然思路、框架大體相沿。因此，首先要對當年參與我博士畢業論文答辯，並提出極具建設性意見與建議的答辯委員會全體專家與學者，表示真誠的感謝！而書中的部分章節，曾以單篇論文的形式，陸陸續續地公開發表於相關學術期刊，論文發表時也曾不同程度地接受過編輯先生們的修改意見，此於作者刪定成書，頗多助益，故在此一併謝過。

本書能得以順利出版，自然離不開單位領導的關懷與同事的關心，包括我曾經工作過的徐州師範大學歷史文化與旅遊學院、南京曉莊學院人文學院，以及現工作單位南京曉莊學院教師教育學院，感謝他們為我創造的良好工作環境及其他諸多幫助！

最終玉成本書的出版，實得力於胡阿祥師的推薦，以及臺灣花木蘭文化出版社的善緣，允當感謝！而胡師不吝惠賜大序，更使拙作生輝。2006 年 6 月博士研究生畢業後，我的生活開始步入極其平常而又「異常忙碌」的軌道，與這個時代、這個年齡段的年青人大多數很相似，工作、結婚、購房、生子，「求生存」似乎成了我們生活的主要方面。學問的追求，雖然沒有放下，但限於時間與精力，自我感覺進益無多，實在有愧於師友的期待，以至於每每晉謁胡師時，都不油得心生「惴惴」之意。當然，「感師恩之載厚，愧弟子之鄙薄」，這種心情也無時不在激勵著我前行。

在本書的撰寫與修改過程中，無論是生活上，還是精神上，始終給予我大力支持與默默鼓勵的，是那深愛著我的家人們。愛人秦翠紅，與我有著相同的專業出身，因而總是能給我最真切的理解與幫助；兒子朱俊棠，以他成長過程中的童言稚行，給我帶來無限的歡樂與勉勵；岳父、岳母大人每年暑假都替我細心照顧她們娘倆，使我可以獲得近 2 個月的時間，靜心讀書，安心寫作。所以，書成之際，理應對他們表示最誠摯的謝意！

歲月不居，如果從博士論文選題開始算起，時至今日，恰好十年。「十年一劍」，利鈍與否，尚請方家批評！

二零一三歲末智武記於方山北麓之「適意齋」